信息技术人才培养系列规划教材

新媒体营销实战系列

SEO搜索引擎优化

基础+案例+实战

慕课版

学IT有疑问
就找千问千知！

◎ 千锋教育高教产品研发部 编著

人民邮电出版社
北京

图书在版编目（CIP）数据

SEO搜索引擎优化 ：基础+案例+实战 ：慕课版 / 千锋教育高教产品研发部编著. -- 北京 ：人民邮电出版社，2020.8（2024.6重印）
信息技术人才培养系列规划教材
ISBN 978-7-115-52786-8

Ⅰ. ①S… Ⅱ. ①千… Ⅲ. ①搜索引擎－系统最优化－教材 Ⅳ. ①G254.928

中国版本图书馆CIP数据核字(2019)第268254号

内容提要

本书以提升读者技能为主要目标，以就业为最终目的，针对不同行业网站特点进行 SEO 技术讲解，内容通俗易懂，每个知识点都以实例说明，让读者快速掌握知识，实现快乐学习。全书分 9 章，包括 SEO 基础入门、关键词制定、网站 SEO 技术研究、SEO 准备工作、网站内部布局及优化、企业站 SEO 实战、资讯类网站 SEO 实战、移动端 SEO 实战以及 SEO 常见问题和解决方法。本书帮助读者从零开始精通 SEO，全面突破，精准把握 SEO 要点。书中的实战项目对 SEO 知识点进行串联，让读者融会贯通，学以致用。

本书可作为高等院校教材及教学参考书，也可作为培训机构的培训用书，还可作为 SEO 网站优化人员的参考用书。

♦ 编　　著　千锋教育高教产品研发部
责任编辑　李　召
责任印制　王　郁　陈　犇
♦ 人民邮电出版社出版发行　　北京市丰台区成寿寺路 11 号
邮编　100164　　电子邮件　315@ptpress.com.cn
网址　https://www.ptpress.com.cn
固安县铭成印刷有限公司印刷
♦ 开本：787×1092　1/16
印张：9.5　　2020 年 8 月第 1 版
字数：248 千字　　2024 年 6 月河北第 7 次印刷

定价：39.80 元

读者服务热线：(010)81055256　印装质量热线：(010)81055316
反盗版热线：(010)81055315
广告经营许可证：京东市监广登字 20170147 号

编 委 会

主　编：陈　勇　赵　龙

副主编：田哲文

前言 FOREWORD

当今世界是知识爆炸的世界，科学技术与信息技术快速发展，新型技术层出不穷，教科书也要紧随时代的发展，纳入新知识、新内容。目前很多教科书注重算法讲解，但是如果在初学者还不会编写一行代码的情况下，教科书就开始讲解算法，会打击初学者学习的积极性，让其难以入门。

党的二十大报告中提到："全面提高人才自主培养质量，着力造就拔尖创新人才，聚天下英才而用之。"IT 行业需要的不是只有理论知识的人才，而是技术过硬、综合能力强的实用型人才。高校毕业生求职面临的第一道门槛就是技能与经验。学校往往注重学生理论知识的学习，忽略了对学生实践能力的培养，导致学生无法将理论知识应用到实际工作中。

为了杜绝这一现象，本书倡导快乐学习、实战就业，在语言描述上力求准确、通俗易懂，在章节编排上循序渐进，在语法阐述中尽量避免术语和公式，从项目开发的实际需求入手，将理论知识与实际应用相结合，目标就是让初学者能够快速成长为初级程序员，积累一定的项目开发经验，从而在职场中拥有一个高起点。

千锋教育

本书特点

随着互联网的快速发展，越来越多的企业开始重视互联网营销，SEO 作为互联网营销的重要分支，是企业不可或缺的技术。SEO 又称为搜索引擎优化，可以提升企业曝光度，从而为企业带来更多的精准流量。本书以 SEO 为核心，分别介绍了 SEO 发展、SEO 技术、SEO 准备工作、关键词制定、企业站 SEO、资讯类网站 SEO、移动端 SEO 等。本书中有大量的实战案例，读者通过学习本书可以了解 SEO 基础知识，培养分析问题和解决问题的思维，最终熟练运用 SEO 技术。

通过本书你将学习到以下内容。

第 1 章：主要介绍了 SEO 定义、SEO 应用领域、SEO 就业岗位以及百度算法等。通过第 1 章的学习，读者会对 SEO 基础知识有正确的认识，为下面的学习奠定基础。

第 2 章：主要介绍了关键词的定义、关键词趋势预测、选取关键词的原则、关键词密度、百度分词等知识点。通过第 2 章的学习，读者可以了解关键词制定和选取的方法，让网站 SEO 更轻松。

第 3 章：主要介绍了 SEO 技术入门、robots 文件、网站地图、404 错误页面等知识点。通过第 3 章的学习，读者会对网站 SEO 基础知识有一定的认识，在以后的工作中可以如鱼得水。

第 4 章：主要介绍研究竞争对手、诊断网站 SEO 现状等知识点。通过第 4 章的学习，读者可以具备一定的 SEO 分析思维，在接手新网站或新行业时，可以找到工作方向。

第 5 章：主要介绍了栏目页优化、产品页优化、标签页优化以及专题页优化等知识点。通过第 5 章的学习，读者将清楚网站 SEO 的整个优化方向，避免工作中出现手忙脚乱的现象。

第 6 章：主要介绍了企业站的站内 SEO 手段以及站外 SEO 手段。通过第 6 章的学习，读者可以清楚企业站的优化方向，快速帮企业获得优质排名。

第 7 章：主要介绍了资讯类网站的站内优化方法、火车采集器的使用、内链和外链的布局等。通过第 7 章的学习，读者在接手资讯类网站时可以清楚网站优化的方法，为后期工作找到优化方向。

第 8 章：主要介绍了移动端 SEO、微信搜索优化以及 ASO 等知识点。通过第 8 章的学习，读者可以掌握移动端的优化方法，并正确认识移动端 SEO。

第 9 章：主要介绍了日常优化工作中常遇到的问题，如网站权重低、网站收录率低、网站排名下降等，并针对不同的问题提出不同的解决方法。通过第 9 章的学习，读者可以掌握分析问题和处理问题的思路，将 SEO 的每个知识点熟练运用到工作中。

针对高校教师的服务

千锋教育基于多年的教育培训经验，精心设计了“教材+授课资源+考试系统+测试题+辅助案例”教学资源包，教师使用教学资源包可节约备课时间，缓解教学压力，显著提高教学质量。

本书配有千锋教育优秀讲师录制的教学视频，按知识结构体系已部署到教学辅助平台“扣丁学堂”，可以作为教学资源使用，也可以作为备课参考资料。本书配套教学视频，可登录“扣丁学堂”官方网站下载。

高校教师如需配套教学资源包，也可扫描下方二维码，关注“扣丁学堂”师资服务微信公众号获取。

扣丁学堂

针对高校学生的服务

学 IT 有疑问，就找“千问千知”，这是一个有问必答的 IT 社区。平台上的专业答疑辅导老师承诺在工作时间 3 小时内答复您学习 IT 时遇到的专业问题。读者也可以通过扫描下方的二维码，关注“千问千知”微信公众号，浏览其他学习者在学习中分享的问题和收获。

学习太枯燥，想了解其他学校的伙伴都是怎样学习的？你可以加入“扣丁俱乐部”。“扣丁俱乐部”是千锋教育联合各大校园发起的公益计划，专门面向对 IT 有兴趣的大学生，提供免费的学习资源和问答服务，已有超过 30 万名学习者获益。

千问千知

资源获取方式

本书配套源代码、习题答案的获取方法：添加小千 QQ 号 2133320438 索取，或登录人邮教育社区 www.ryjiaoyu.com 进行下载。

致谢

本书由千锋教育云计算教学团队整合多年积累的教学实战案例，通过反复修改最终撰写完成。多名院校老师参与了教材的部分编写与指导工作。除此之外，千锋教育的 500 多名学员参与了教材的试读工作，他们站在初学者的角度对教材提出了许多宝贵的修改意见，在此一并表示衷心的感谢。

意见反馈

虽然我们在本书的编写过程中力求完美，但书中难免有不足之处，欢迎读者给予宝贵意见，联系方式：huyaowen@1000phone.com。

千锋教育高教产品研发部

2023 年 5 月于北京

目 录 CONTENTS

01 第 1 章　SEO 基础入门

本章学习目标

- 掌握 SEO 名词概念
- 掌握搜索引擎的基础算法
- 了解 SEO 商业价值

据调查，80%的人会通过互联网查找需要的产品或服务，而这之中有近 70%的人会访问前三个网站。运用 SEO 技术可实现网站排名靠前的效果，吸引精准客户进入网站并达成交易，SEO 人才因此成为企业争先抢夺的资源。本章将从 SEO 定义及应用领域、百度搜索引擎的基础算法以及 SEO 常用名词等知识点出发，带领大家轻松学习 SEO。

初识 SEO

1.1　初识 SEO

截止到 2018 年底，中国互联网用户达 8.29 亿人，并且每年递增，每个商家都看到了互联网这一巨大市场，而很多交易也都是通过互联网完成的。

互联网爆炸式的发展让企业看到了商机，很多企业都意识到互联网营销的重要性，SEO 以提高企业网站排名、权重为出发点，以为企业带来客户为最终目标，成为企业争相学习的重要营销手段。

1.1.1　SEO 定义

搜索引擎优化（Search Engine Optimization，SEO）是基于搜索引擎的一种免费网络推广方式，用户在搜索框输入想搜索的词语，在搜索结果中，搜索引擎通过自身算法使用户体验好的网站获得优先排名。SEO 能为网站带来高排名及高权重，成功引流，如图 1.1 所示。

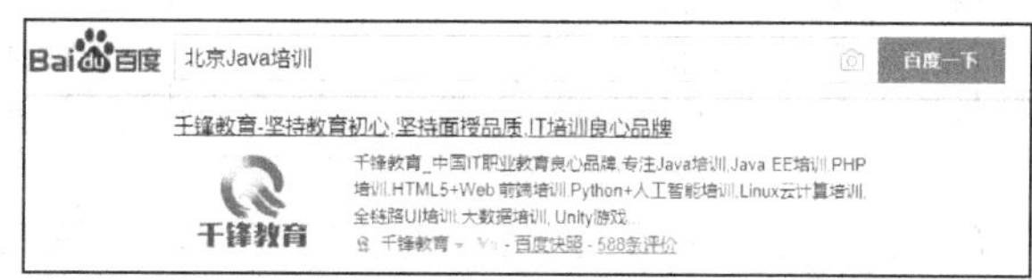

图 1.1　SEO 效果

SEO 分为站内优化和站外优化两部分。站内优化指的是网站内部优化，包括标题、描述、关键词（Title，Description，Keywords，TDK）标签、网站布局、锚文本、内链设置等；站外优化主要针对外链布局。

SEO 被广泛应用，潜移默化地影响着每个人。选择正确的 SEO 推广方式，不仅可以节省时间，还能为网站带来精准客户，达到事半功倍的效果。

1.1.2 SEO 和 SEM 的区别

搜索引擎营销（Search Engine Marketing，SEM）经常被称为竞价营销，是通过网站付费的方式获得网站排名效果，支付费用越多排名越靠前。SEM 和 SEO 的最终目的都是给网站引流，带来经济效益。在百度搜索引擎页面中，SEM 和 SEO 同时展示，如图 1.2 所示。

图 1.2　SEM 和 SEO

通过图 1.2 可以看出，SEM 和 SEO 的展示方式是不同的，SEM 是一种付费排名，显示的是广告（图中加框部分），而 SEO 是自然优化排名，显示的是百度快照。对于公司来说，SEM 和 SEO 各有利弊，如表 1.1 所示。

表 1.1　　SEO 和 SEM 优劣势

营销方式	优　势	劣　势
SEO	免费的营销方式，预算低； 网站自然排名，用户信任度高； 排除负面信息，更容易吸引点击	耗时长； 效果不稳定； 只能排在付费网站后边
SEM	精准投放，排名靠前； 根据关键词定价，覆盖人群精准； 即时流量，保持品牌曝光度	付费推广，没有长期效益； 点击即收费，费用较高； 过度依赖关键词精准度

如果企业预算充足，可选择 SEO+SEM 的方式推广。SEO 提高网站权重，保证网站质量，对品牌宣传有极大的帮助，SEM 能够迅速带来客户，两者配合可起到 1+1>2 的效果。

1.1.3　SEO 商业价值

关于 SEO 的商业价值，这里举一个案例。A 公司是一家以呼叫中心系统为主营产品的企业，线下电话销售客户不够精准，线上网站排名靠后，展示率过低，SEO 人员利用相关技术使网站排名至首页首位，当用户搜索“呼叫中心系统”时，企业站排在页面第一位，曝光度大幅提升，品牌宣传、产品宣传以及产品交易都能顺利进行。

SEO 是为企业引流的重要渠道，与竞价广告相比，SEO 排名更稳定，费用更低。竞价推广是付费才会有排名，按点击收费，热门关键词点击一次的费用大概三四十元，每天费用上千元，营销成本高。而 SEO 与其恰恰相反，它是一种免费的推广方式，通过优化技术可以让网站实现稳定排名，通过关键词布局能够带来精准的意向客户。这也是越来越多企业选择 SEO 的原因。

1.1.4　SEO 应用领域

纵观互联网整个生态圈，SEO 可以说是力度最强、效果最好的推广方式，应用领域广泛，包括企业官方网站、B2B 和 B2C 平台、内容型网站等。

1. 企业官方网站

企业站通过 SEO 实现网站排名第一的效果，增加网站的展示率和曝光度，提高企业的行业知名度，为企业带来精准客户，提高企业经济效益。如果用户搜索“Java 培训”时，企业出现在首页首位，则该企业可以得到更高的点击率和更多的意向资源，如图 1.3 所示。

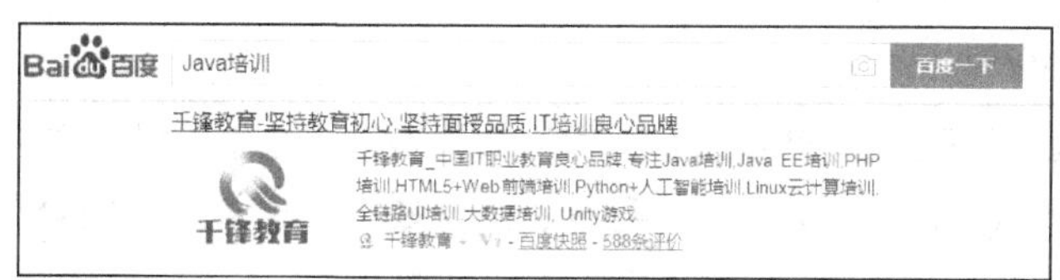

图 1.3　排名靠前的企业官方网站

2. B2B 和 B2C 平台

B2B 指的是企业与企业进行产品、服务及信息交易的互联网平台，如黄页 88、慧聪网、顺企网等；B2C 指的是企业与客户之间进行产品、服务交易的电子商务平台，如淘宝、京东等。

B2B 和 B2C 平台都可以通过 SEO 技术获得平台高排名，促使更多企业入驻并销售自己的产品，而平台则会获得可观的广告费收入，如图 1.4 所示。

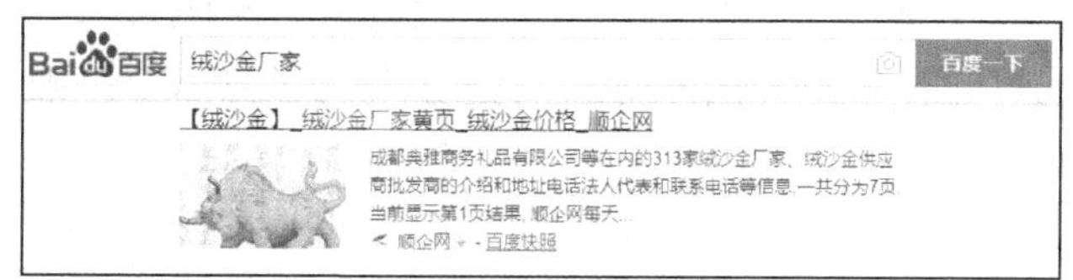

图 1.4　排名靠前的 B2B 平台

3. 内容型网站

资讯性质的网站利用 SEO 技术可大幅提升网站自然排名，带来源源不断的流量，提高网站知名度，让网站成为行业的风向标，如图 1.5 所示。

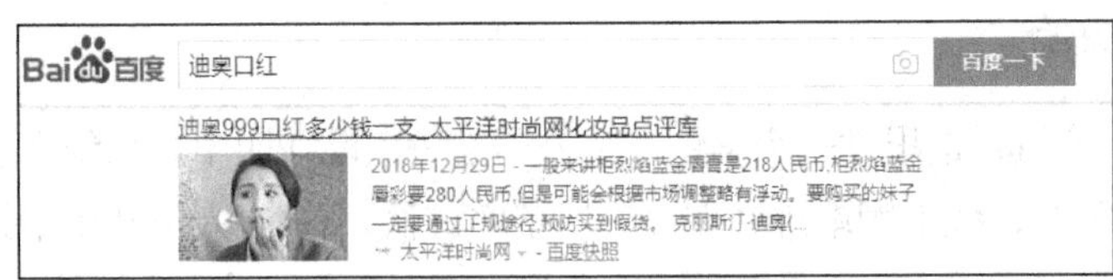

图 1.5 排名靠前的内容型网站

1.1.5 SEO 就业岗位

随着互联网的快速发展和普及，越来越多的人选择从事 SEO 相关工作，在这里实现自己的梦想。

1. SEO 主管（经理）

SEO 需要沉淀，时间越久，得到的回报越多。SEO 主管不仅需要掌握推广技巧，还要懂一些简单的前端代码，了解网站关键词密度及页面布局。从底层的实习生到主管、经理的位置大约需要三年时间，而这三年就是从会做到做好的必经之路。

某企业 SEO 主管职位要求如下。

（1）三年以上 SEO 工作经验，从事过网站整体优化并有成功案例。

（2）对网站推广与运营有深入了解，做过站内、站外优化，精通数据分析。

（3）熟悉超文本标记语言（Hyper Text Markup Language，HTML）、JS（JavaScript）代码，能够独立阅读网页，善于跟进 SEO 新技术。

2. SEO 讲师（顾问）

有一定的工作经验，熟练掌握 SEO 知识，理论知识丰富，沟通力强，这是 SEO 讲师需要具备的素养。在做讲师的同时可以兼任企业的 SEO 顾问，让更多的企业享受到 SEO 带来的优势。但需要注意的是，前期要脚踏实地，积累声望，才能最终成就梦想。

某企业 SEO 讲师职位要求如下。

（1）精通 SEO 操作原理，熟悉搜索引擎算法和规则。

（2）三年以上工作经验，有较强的沟通能力，有实际的成功案例。

（3）有较强的文字功底和学习能力，能够独立设计习题、课件。

3. 企业合伙人（老板）

企业的合伙人必须懂得如何为品牌做推广，如何对网站进行布局，如何引入意向客户。很多 SEO 高手都会选择自己创业或者兼顾其他企业的运营工作，帮助传统企业推广、销售。

总之，SEO 发展前景广阔，就业范围覆盖各个行业，努力学习 SEO 基础知识，将大大提升职业竞争力。

SEO 常用名词解释

1.2 SEO 常用名词解释

SEO 的目的是提升网站排名，为网站带来精准客户。想要做好 SEO 工作，就必须要了解关于 SEO 的名词术语，如网站权重、收录、TDK 标签等。

1. 网站权重

网站权重是一个模糊概念，主要取决于网站布局的好坏以及用户体验。权重高的网站，排名靠前，受用户喜欢，点击率高。通过爱站网可以查看网站的权重，如图 1.6 所示。

图 1.6　网站权重查询

网站权重分为 9 个等级，网站质量越好权重越高，反之权重越低，如表 1.2 所示。

表 1.2　网站百度权重等级划分标准

百度权重等级	访问量（次）
权重 1	0 ~ 99
权重 2	100 ~ 499
权重 3	500 ~ 999
权重 4	1 000 ~ 4 999
权重 5	5 000 ~ 9 999
权重 6	10 000 ~ 49 999
权重 7	50 000 ~ 199 999
权重 8	200 000 ~ 999 999
权重 9	大于 1 000 000

2. 收录

收录是指百度搜索引擎把网站的统一资源定位符（Uniform Resource Locator，URL）收入自己的数据库。将页面网址输入到百度搜索框中即可查看页面是否被收录，如图 1.7 所示。

图 1.7　收录查询

查看网站收录量可以使用 site 指令，例如，查看“千锋教育”的收录量，输入 site:qfedu.com，如图 1.8 所示。

3. TDK 标签

TDK 标签对 SEO 效果有决定性作用，是网站的核心内容，涵盖了网站标题、网站关键词以及网站描述，如图 1.9 所示。

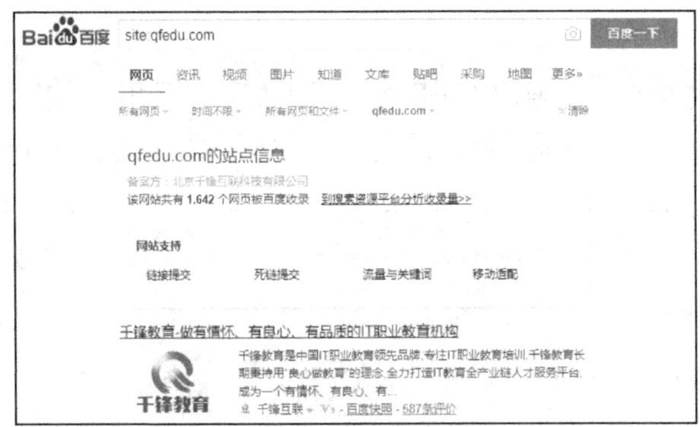

图 1.8　查看网站收录量

图 1.9　TDK 标签

（1）T（Title）：标题标签，Title 中显示出网站关键词，有利于网站排名。

（2）D（Description）：描述标签，字数在 60～80 字，至少出现一次核心关键词。

（3）K（Keywords）：关键词标签，与网站主题紧密相关，数量在 3～5 个为宜。

4. 内链与外链

内链是指网站内容页之间的互相链接，如图 1.10 所示。

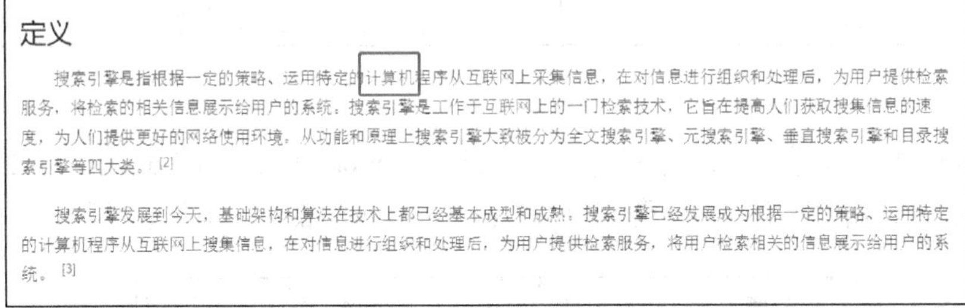

定义

搜索引擎是指根据一定的策略、运用特定的计算机程序从互联网上采集信息，在对信息进行组织和处理后，为用户提供检索服务，将检索的相关信息展示给用户的系统。搜索引擎是工作于互联网上的一门检索技术，它旨在提高人们获取搜集信息的速度，为人们提供更好的网络使用环境。从功能和原理上搜索引擎大致被分为全文搜索引擎、元搜索引擎、垂直搜索引擎和目录搜索引擎等四大类。[2]

搜索引擎发展到今天，基础架构和算法在技术上都已经基本成型和成熟。搜索引擎已经发展成为根据一定的策略、运用特定的计算机程序从互联网上搜集信息，在对信息进行组织和处理后，为用户提供检索服务，将用户检索相关的信息展示给用户的系统。[3]

图 1.10　内链

图 1.10 中“计算机”与其他文字颜色不同，单击“计算机”会跳转到计算机相关页面，这个链接就是内链。

外链是指从别的网站链接到自己的网站，起到引流作用，包括以下几种形式。

（1）合作型外链

合作型外链是寻找权重较高、产品与自己一致的网站进行单向外链，可以将高权重网站的流量引入自己站内，这种外链大多是收费的。

（2）友情链接

友情链接（简称友链）是指网站互换链接，将对方链接置于网站底部，有利于双方互相引流，如图 1.11 所示。

图 1.11　友情链接

友情链接包括首页链接和全站链接，首页链接是指双方网站在首页放置对方的链接；全站链接是指首页和内页都放置对方的链接。全站链接比首页链接带来的流量更多，网站权重增速更快。

友情链接要选择与本站主营产品或服务一致或相关的平台，对方网站每天定时更新，权重差距不宜过大。网站友情链接数量宜控制在 20～30 个，注意分散添加，每个月都要有更新。

（3）内容导向链接

内容导向链接是以内容为导向设置外链，提升网站在行业中的知名度，比如编程网站，可以与 CSDN、博客园这样的网站进行链接。内容导向链接如图 1.12 所示。

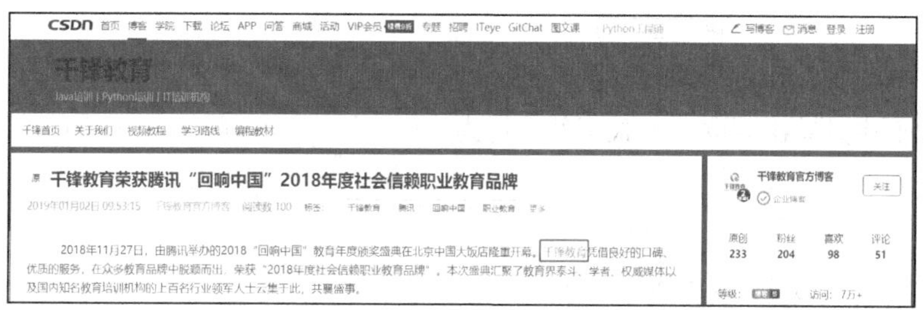

图 1.12　外链形式

通过单击图 1.12 中的“千锋教育”即可跳转至千锋教育官方网站。

5. 引擎蜘蛛

百度或谷歌等搜索引擎都有一套抓取网站页面的程序。这个抓取程序叫作引擎蜘蛛，它可以通过网站的 URL 抓取网站信息。网站收录和排名离不开引擎蜘蛛的爬行。

不同的搜索引擎，其引擎蜘蛛的名称也有所不同，如表 1.3 所示。

表 1.3　引擎蜘蛛名称

搜索引擎平台	引擎蜘蛛名称
百度	BaiduSpider
谷歌	Googlebot
360	360Spider
搜狗	Sogou News Spider

对于初步接触 SEO 的人来说，了解常用的 SEO 名词会对后期的工作有很大的帮助。

搜索引擎之百度算法

1.3　搜索引擎之百度算法

提到 SEO 不得不提搜索引擎的基本算法，所有的 SEO 工作都是以算法为基础进行的，遵循搜索引擎的规则，SEO 的路才能畅通无阻。百度搜索引擎是国内使用次数最多的中文网络平台，据了解，百度平台每天处理超过一亿人次的搜索请求。国内的 SEO 工作大多是在百度上进行，下面以百度算法为例，介绍搜索引擎算法的基本规则。

1. 飓风算法 2.0

发布时间：2018 年 9 月。

核心内容：

（1）打击采集内容过多、缺失原创内容的网站；

（2）打击混乱采集，例如，美食网站内容是明星、财经等与美食不相关的文章。

优化建议：

网站内容采集要适量，整体以优质原创内容为主，这是 SEO 网站运营的核心。

2. 细雨算法

发布时间：2018 年 7 月中旬。

核心内容：

（1）针对标题作弊，网页标题堆砌关键词；

（2）打击页面中频繁出现联系方式等低质行为；

（3）主要针对黄页 B2B 平台。

优化建议：

（1）规范标题书写方式，关键词控制在 1～2 个；

（2）正文避免出现联系方式等词语；

（3）图片质量要高，不要遮挡图片主要内容，Logo 放在左下角最为合适。

3. 清风算法

发布时间：2018 年 10 月。

核心内容：

（1）打击网站下载链接与实际下载内容不符，诱导他人下载其他软件的行为；

（2）打击文章与标题不符的行为。

优化建议：

（1）保证网站链接真实有效，注明下载方式和标题，如迅雷下载、网盘下载等，不能诱导用户下载其他 App；

（2）文章标题与文中内容保持一致性。

4. 惊雷算法

发布时间：2017 年 11 月。

核心内容：

打击网站恶意刷流量实现快速提高排名的作弊行为。

优化建议：

快排技术虽然能在短时间内实现网站排名靠前，但对网站权重等方面是不利的，如果被搜索引擎判为作弊，网站则会有被降权或者封站的风险，所以，不要轻易或频繁使用快排技术。

5. 闪电算法

发布时间：2017 年 10 月。

核心内容：

针对首屏加载速度，打开耗时 3 秒以上的页面会被打压。

优化建议：

网页首屏要保证在 2 秒之内打开，将带宽留给首页请求，保证不同网络情况下的加载速度。

6. 绿萝算法

发布时间：2013 年 3 月。

核心内容：

打击超链接作弊行为，如外链中介、出卖链接、购买链接等恶意发布外链的行为。

优化建议：

（1）外链平台要多样化，不能一成不变；

（2）超链接位置要多变化，主要是文章顶部和底部两个位置，一篇文章的超链接控制在 1～2 个；

（3）注重外链质量，避免链接垃圾平台。

网站想要获得高排名，就要遵循搜索引擎的基本算法，避免产生作弊行为。可是做好了这几个方面排名不一定会排到最高，关键词制定是影响网站 SEO 的重要环节，这一点在下一章详细讲解。

搜索引擎基本工作原理

1.4 搜索引擎基本工作原理

搜索引擎的基本工作原理：抓取网页→建立索引数据库→在数据库中搜索排序。

1. 抓取网页

互联网类似于一个巨大的蜘蛛网，搜索引擎的程序通过对网络的不断探索，将优质的网页抓取到自己的数据库中。

2. 建立索引数据库

引擎蜘蛛遍历所有页面，并跟踪链接，从一个网页到另一个网页。为了保证采集数据的有效性，引擎蜘蛛还会回访抓取过的网页。

3. 在数据库中搜索排序

简单地说就是关键词排序。当用户搜索某个关键词时，包含关键词的网页都会展示出来，搜索引擎在其中选择与关键词相关度高、内容质量好的网站依次排序。

1.5 本章小结

本章主要介绍了 SEO 基础知识，包括 SEO 定义、应用领域、SEO 常用名词、SEO 职业规划、搜索引擎算法和原理。熟练掌握本章内容，将为后面的深入学习奠定基础。

1.6 习题

1. 填空题

（1）为了提高网站流量，购买刷手为网站刷流量，违背了________算法。

（2）在 TDK 中，T 指的是________。

（3）在搜索引擎工作原理中，数据库中搜索排序指的是________排序。

（4）在同一域名下，设置站内超链接指的是________。

（5）SEO 的最终目的是________。

2. 选择题

（1）关于清风算法正确的是（　　）。

A. 打击外链中介　　B. 打击恶意点击

C. 打击内容与标题不符行为　　D. 主要针对 B2B 平台

（2）以下说法（　　）是错误的。

A. 搜索引擎对静态页面更友好

B. 搜索引擎更喜欢原创内容

C. 搜索引擎对关键词准确的网站排名更高

D. 搜索引擎喜欢大量外链的网站

（3）关于友情链接说法正确的是（　　）。

A. 与权重越高的网站做友链，效果越好

B. 只要对方网站质量高，不管是什么行业都可以做友链

C. 应选择同行业或相关行业，且定期更新内容的网站做友情链接

D. 友情链接越多越好

（4）影响网站权重的因素有（　　）。

A. 网站内容　　B. 网站结构

C. 网站关键词　　D. 网站外链

（5）SEO 应用领域包括（　　）。

A. 企业官方网站　　B. B2B 平台

C. B2C 平台　　D. 内容型网站

3. 思考题

（1）谈谈对 SEO 的理解。

（2）简述 SEO 的优势。

02

第 2 章　关键词制定

本章学习目标

- 掌握关键词的制定方法
- 区分不同类型关键词
- 掌握关键词布局的原则
- 了解百度分词算法

关键词排名是 SEO 效果的重要指标，关键词排名靠前，说明 SEO 效果好，反之则欠佳。关键词布局在 SEO 中起着决定性作用，如果关键词选择错误或布局有问题，则会造成网站排名靠后，网站流量降低，所以学习关键词是做 SEO 的关键。

关键词的定义
与目标关键词

2.1　关键词的定义

关键词等同于网站的定位或主营产品，企业希望用户通过怎样的词语来找到网站，那这个词就是关键词。

比如，千锋教育是一家 IT 培训机构，那“IT 培训、Java 培训、Python 培训”等就是千锋教育的关键词，用户可以通过搜索关键词，在网页中找到企业官方网站，如图 2.1 所示。

图 2.1　关键词搜索

首先大家要明确，关键词分为目标关键词和长尾关键词（简称长尾词）。其带来的流量不同，布局位置也有所不同。

2.2 目标关键词

2.2.1 定义

制定关键词的第一步就是明确网站的目标关键词，也就是核心关键词，它是描述网站主体内容最贴切、最精准的词语。简单来说，用户的搜索词就是网站的目标关键词，例如，千锋教育的目标关键词就是“Java 培训”“IT 培训”“HTML 培训”等简短的词语。

目标关键词关系到整个网站的基本定位，一般出现在网站首页的标题标签中，代码示例如下。

```
<title>千锋教育-坚持教育初心,坚持面授品质,IT 培训良心品牌</title>
```

网站布局应围绕目标关键词去做。在选取目标关键词时掌握一些方法，很大程度上可以降低优化难度。

2.2.2 制定目标关键词的方法

1. 站在用户的角度

关键词是以用户需求为导向的词语，目标关键词更应该贴合用户的真实想法。SEO 的目的是为企业带来精准客户，所以目标关键词应选择用户搜索量比较高的词语，而不仅仅是自己对产品的理解，应多咨询身边人，了解别人如果需要这个产品会如何搜索，多方面考量。

2. 竞品网站关键词

竞争对手永远是推动企业进步的动力，应了解竞品网站优化手段，取其精华，弃其糟粕。查看排名靠前的同行企业，学习其关键词数量和布局，并对关键词种类进行筛选，制定适合本企业的关键词，这种方法不仅可以节省时间，效果也不错。

查看竞品网站关键词的方法很简单，在竞品网站单击右键，查看源代码，找到 keywords 标签就找到了关键词，以千锋教育官方网站为例，示例如下。

```
<title>千锋教育-坚持教育初心,坚持面授品质,IT 培训良心品牌</title>
<meta name="keywords" content="Java 培训,Java EE 培训,HTML5 培训,PHP 培训,Python 培训,人工智能培训,UI 培训,Linux 培训,大数据培训,云计算培训,Unity 游戏开发培训,软件测试培训,Web 前端培训,嵌入式物联网培训,IT 培训,千锋,千锋教育" />
```

通过爱站网也可以获取竞品网站关键词，在搜索框中输入竞品企业网站域名就可以看到其关键词，如图 2.2 所示。

python培训	第1页 第1位	87
python 培训	第1页 第1位	73
千锋教育	第1页 第1位	65
web前端培训	第1页 第1位	63
千锋培训	第1页 第1位	32
北京ios培训机构	第1页 第1位	31
ios培训班	第1页 第1位	31

图 2.2 关键词查看

3. 相关搜索

搜索行业主关键词时，在首页底部可以获得搜索引擎推荐的关键词。这些关键词大多是搜索量大、转换率高的词语，如千锋教育主营服务“Java 培训”。首页底部“相关搜索”处的其他关键词如图 2.3 所示。

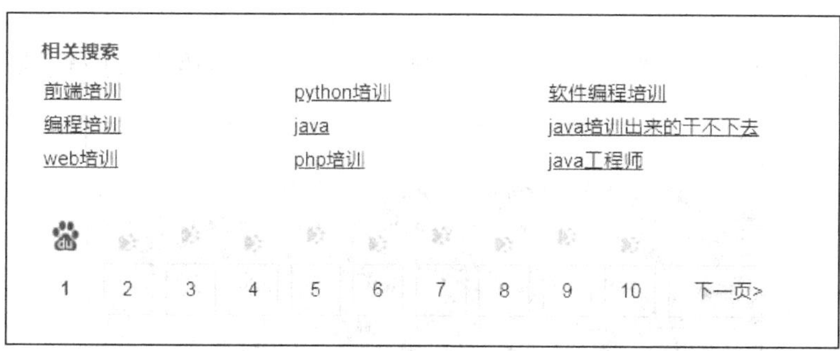

图 2.3　相关搜索

4. 下拉框

搜索栏下拉框也是获得目标关键词的一个渠道，如图 2.4 所示。

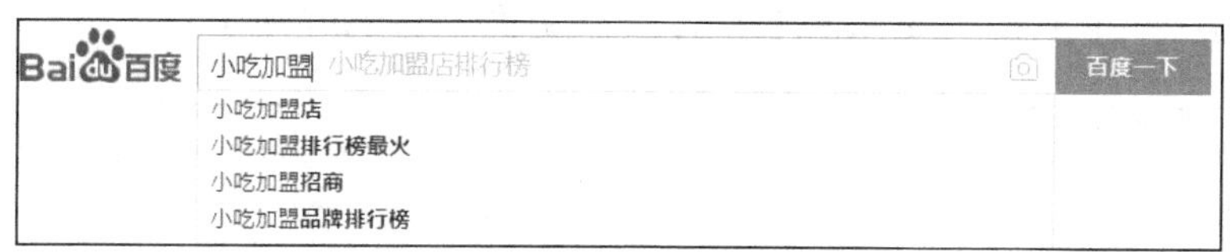

图 2.4　下拉框

通过以上四种方法可以整理出有效的目标关键词，确定目标关键词有利于快速选择长尾关键词。

长尾关键词

2.3　长尾关键词

2.3.1　定义

长尾关键词是目标关键词的拓展和延伸，是指搜索人群广泛但指数较低、与目标关键词相关并能够带来流量的词语，通常由 2～3 个词组成。

例如，目标关键词是“Python 培训”，那“北京 Python 培训”“Python 开发培训”“千锋 Python 培训”这些词都是长尾关键词，如图 2.5 所示。

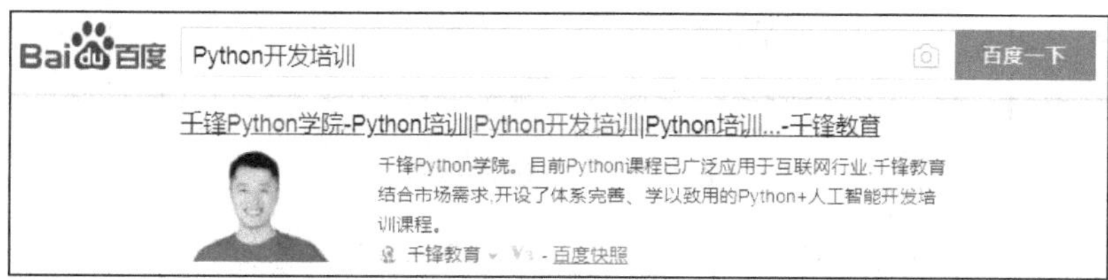

图 2.5　长尾关键词

长尾关键词可以多维度扩展，优化难度较低，有助于捕获更多的流量。要想选好长尾关键词，就需要学习一些长尾关键词的挖掘方法。

2.3.2 挖掘长尾关键词的方法

1. 5118 平台

利用 5118 平台不仅可以挖掘长尾关键词，还能清楚知道每个词语的竞争度，如图 2.6 所示。

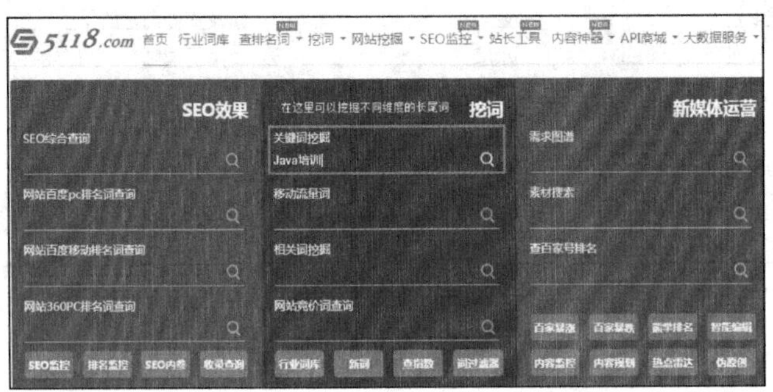

图 2.6 5118 平台

通过关键词挖掘可以得出“Java 培训”的长尾关键词，如图 2.7 所示。

相关长尾词关键词共找到18200条记录[有指数：25 无指数：18175]　内容规划　需求图谱　导出数据

关键词	收录量	竞价公司数量	长尾词数量	流量指数	移动指数	PC检索量	移动检索量	竞价竞争激烈程度
java培训	576000	251	18278	627	500	370	3000	11
杭州java培训	299000	138	249	217	152	40	670	9
java培训班	327000	245	2044	184	103	40	100	9
java培训机构	381000	249	2768	172	100	90	80	12

图 2.7 关键词挖掘

2. 下拉框与相关搜索

在百度平台上搜索主营服务，搜索栏下拉框中会出现相关性较高的词语，这些词语就是搜索量大的长尾关键词，如图 2.8 所示。

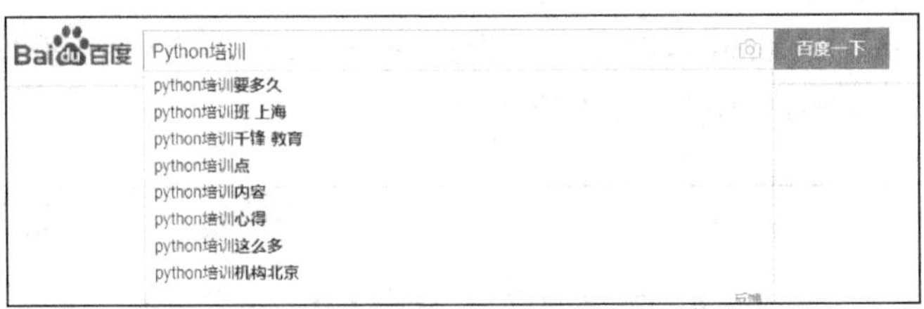

图 2.8 下拉框的关键词

搜索引擎平台首页底部的“相关搜索”也是获取长尾关键词的途径，例如，搜索“小吃加盟”，如图 2.9 所示。

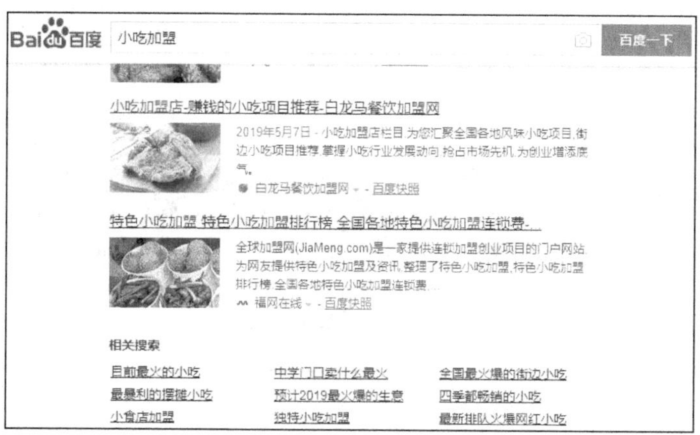

图 2.9　相关搜索的关键词

除了关键词的挖掘方法，SEO 人员还要了解市场的发展趋势，对大环境的准确预测也有助于快速开拓思路。

关键词趋势预测

2.4　关键词趋势预测

作为一名合格的 SEO 人员，对互联网发展要有一定的预见能力，了解发展趋势才能制定出效果好的关键词。

2.4.1　节日趋势预测

一些关键词的搜索量会随着节日的更替而发生波动，如“粽子”“短信祝福”“鲜花”等关键词。通过百度指数数据分享平台可以看出关键词不同时间段的搜索指数，如图 2.10 所示。

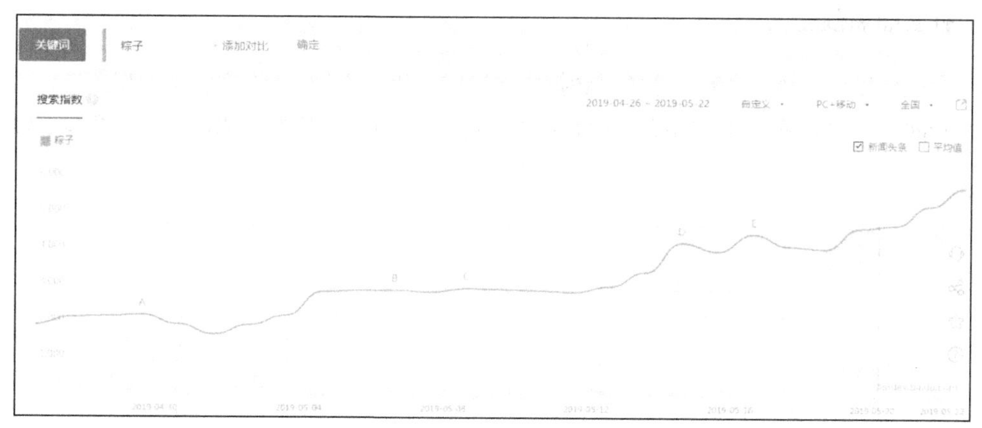

图 2.10　关键词“粽子”搜索指数波动趋势

图 2.10 显示，在 5 月份“粽子”的搜索量明显上升，说明市场的需求量变大，以粽子为主营产品的生产厂家应该在 3 月份开始优化“粽子”这一关键词。这种节日性关键词通常采用专题页的形式来优化，这样可以快速提高关键词排名，如图 2.11、图 2.12 所示。

图 2.11　粽子图片专题页

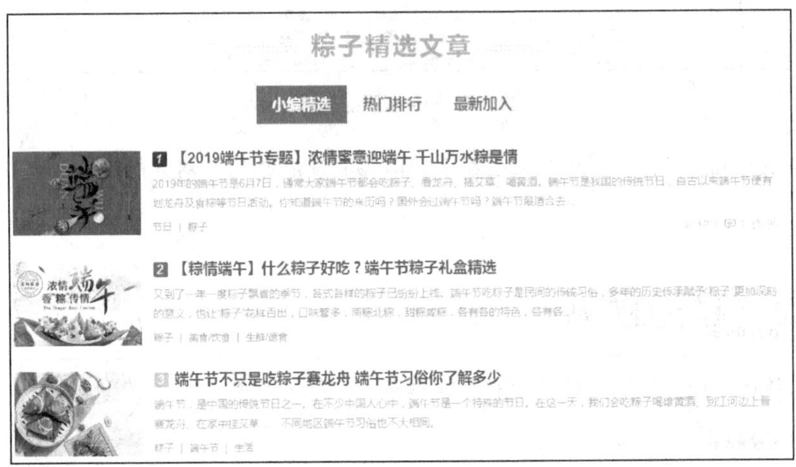

图 2.12　粽子文章专题页

专题页分为图片和文章两种形式，对提高关键词排名有很好的推动作用，本书第 5 章详细介绍了专题页的优化方法。

2.4.2　社会热点预测

每一个社会热点，都会导致一些关键词搜索次数的变化，例如，雾霾直接影响人们的身体健康，每次雾霾新闻一出，“防霾口罩”的搜索量就会显著上升，通过百度指数可以看到这一现象，如图 2.13 所示。

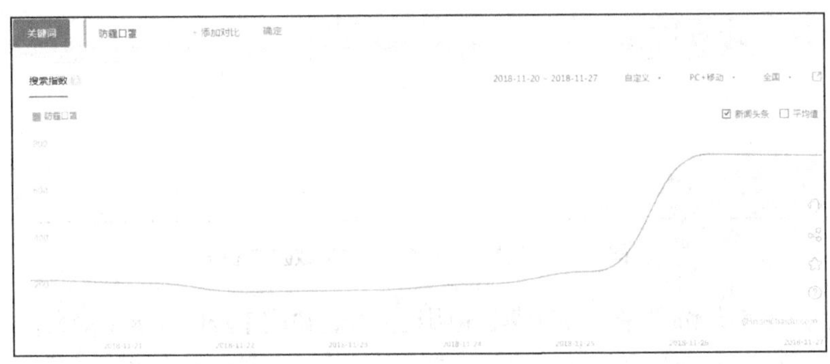

图 2.13　关键词“防霾口罩”搜索指数

查看关键词搜索指数还可以通过好搜指数数据分享平台，好搜指数主要针对 360 浏览器，SEO 人员可以根据自己的优化渠道来选择平台，如图 2.14 所示。

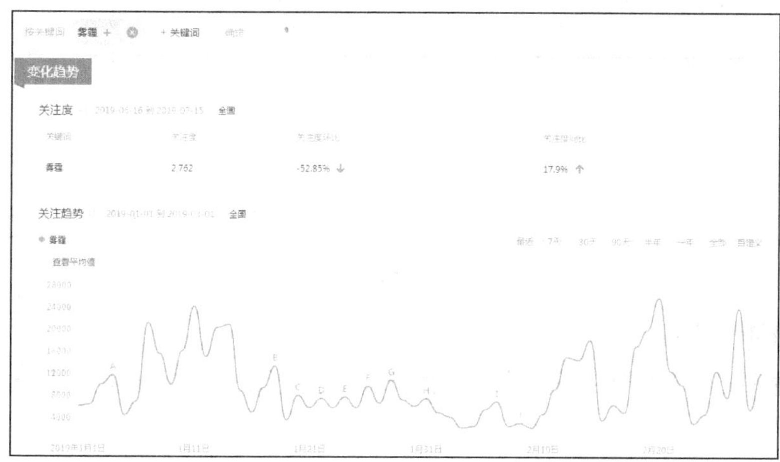

图 2.14　好搜指数

获取社会热点的渠道有很多，包括微博热搜、百度新闻、腾讯新闻、今日热榜等平台，如图 2.15 所示。

图 2.15　百度新闻

SEO 人员要善于感知新闻热点对企业的影响，并及时修改 SEO 计划。通过对关键词的预测，SEO 人员可以对近期的 SEO 效果有一定的把握，并能及时做好关键词调整工作。

2.5　选取关键词的原则

选取关键词的原则

在完成建站之前，SEO 人员需要选取网站关键词，确定网站主题，这关系到网站未来的发展趋势。而一个好的网站一定有恰当的网站关键词做支撑。

1．选择要有精准性

SEO 的优化关键词不能过于宽泛，既不能太长，也不能太短，更不能太特殊。

比如计算机销售公司采用“电脑”一词作为关键词，这种宽泛词竞争激烈，提高排名难度大，而且目标群体不够精准；搜索“电脑”的不只是想买计算机的人，还有想了解计算机技术和需要维修计算机的人。

如果以“电脑价格”“品牌+电脑”作为关键词，不仅提高排名的难度降低了，而且带来的流量大多是意向客户，如图 2.16 所示。

关键词	整体日均值	移动日均值	整体同比	整体环比	移动同比
电脑	4,430	3,119	22% ↑	-3% ↓	9% ↑
电脑价格	133	102	-35% ↓	-7% ↓	-30% ↓
联想电脑	1,055	773	-7% ↓	20% ↑	-5% ↓

图 2.16 关键词对比

2. **关键词要有搜索量**

过冷的关键词取得好排名很容易，但带来的流量微乎其微。关键词搜索量可以通过 5118、百度指数等平台查看。

3. **关键词要有商业价值**

这是选择关键词很重要的原则，企业做 SEO 最终目的是带来客户并实现交易，所以用户需求是 SEO 人员首先要考虑的问题，不管是做内容规划还是内外链设置，都应该把用户需求放在首位。

不同的关键词有不同的商业价值，转化率也参差不齐。例如，搜索“电脑原理”的用户购买意愿就比较低；搜索“电脑价格”的用户购买意愿较高；而搜索“电脑购买”“电脑促销”的用户购买意愿又进了一步，其关键词的商业价值更高。

4. **选择要有一致性**

关键词一定要与企业产品保持一致性，如图 2.17 所示。

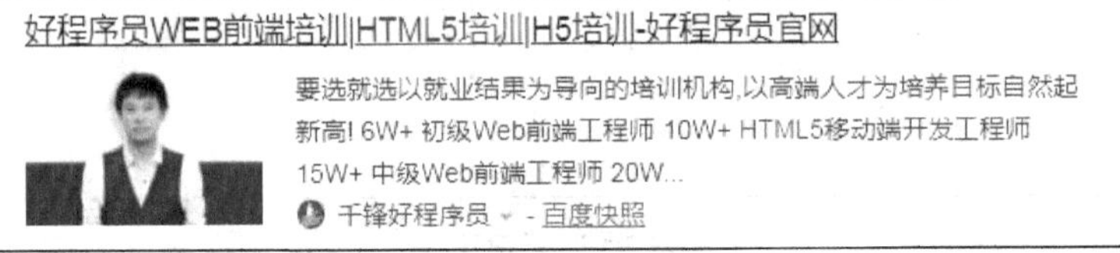

图 2.17 关键词与企业产品保持一致性

如果关键词与产品南辕北辙，那 SEO 工作没有任何意义。比如企业做餐饮加盟，关键词却选用“服装搭配”，这样不仅引来的流量不精准，还会给网站造成降权的后果。

在做关键词选取时，SEO 人员会通过各种方法获取大量的搜索词，面对这些词语要有基本的判断能力，了解哪些搜索词可以作为关键词使用，并对其优化周期有一定的估算。

5. **优化的关键词不宜过热**

关键词的竞争度很大程度上决定了 SEO 时间，竞争度过高，在短期内很难实现预期效果，竞争度过低，搜索量低，不能为网站引流。查看关键词竞争度一般使用百度指数，日均值越高，指数越高，竞争度越高，如图 2.18 所示。

百度指数词汇量较低，只能查询已被收录的词语，对于没有被百度收录的词词，可以通过站长工具来查看其竞争度，如图 2.19 所示。

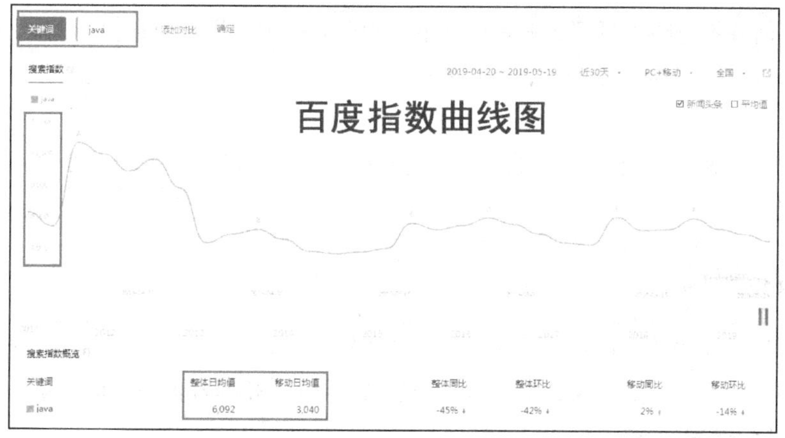

图 2.18　查看关键词百度指数

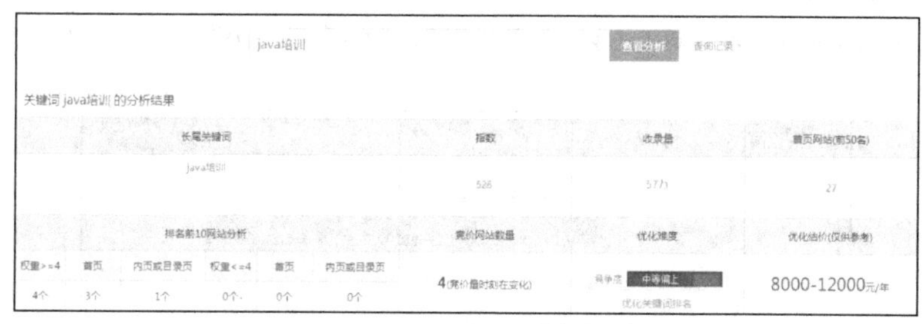

图 2.19　查看关键词竞争度

根据图 2.19 的显示，“Java 培训”这一词语竞争度为中等偏上，说明其优化难度偏大，优化成本较高。企业在选择关键词时要采用目标关键词和长尾关键词相结合的方式，目标关键词竞争度高，长尾关键词竞争度较低，搭配使用可实现 SEO 最大化。

关键词密度及位置

2.6　关键词密度及位置

2.6.1　关键词密度

关键词密度其实是页面上关键词出现的频率，频率越高，密度越大。

查看网站关键词密度推荐使用百度站长工具，如图 2.20 所示。

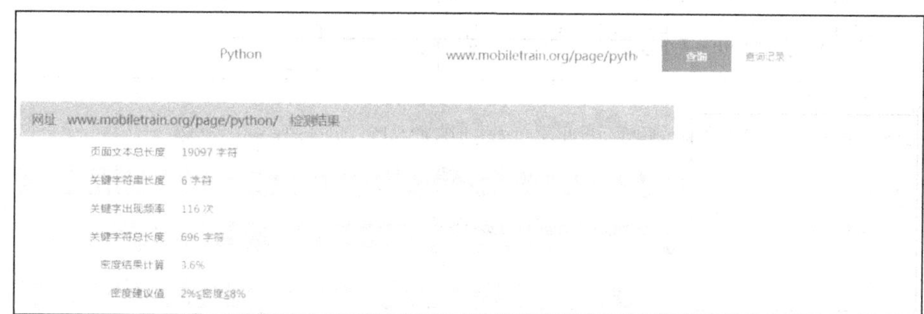

图 2.20　查看关键词密度

关键词密度值并不是越大越好，一般情况下，网页的关键词密度宜控制在 2%～8%。

关键词出现次数过多会造成堆砌，有作弊嫌疑；次数过少，被引擎蜘蛛抓取到的概率小，不利于优化关键词排名。

要想达到理想的 SEO 效果，正确的关键词选择和准确的关键词布局必不可少，因此，下一节讲解关键词的位置。

2.6.2 关键词位置

说到网站 SEO，不得不提网站关键词布局，即关键词位置。布局方法不同，网站的整体 SEO 效果会有很大差别。关键词位置通常包括 TDK 标签关键词位置和内容页关键词位置。

1. **标题标签关键词位置**

网站能否参与排名，很大程度上取决于标题标签中的关键词与用户搜索词的相关性，例如，用户搜索词为“呼叫中心系统”，那首先出现的网站标题标签中一定有“呼叫中心系统”，如图 2.21 所示。

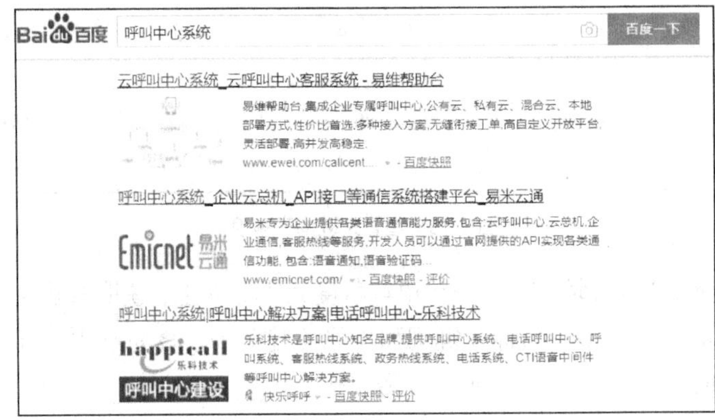

图 2.21 用户搜索词

标题标签直观地告诉用户网站主题以及主营服务或产品，是 SEO 人员优化的重点。填写标题标签时要注意以下几点。

（1）标题标签长度不宜过长，可控制在 30 个汉字以内。

（2）目标关键词热度高，优化难度大，要放在标题标签最前面，关键词越靠前越容易获得排名。

（3）在标题标签中，语句或词语之间要用英文逗号“,”或短竖线“|”隔开。

（4）每个页面的标题标签不宜相同，首页与栏目页、内容页、产品页等页面标签要区分开，每个标题标签都要突出该页面的主旨。以千锋教育为例，示例如下。

```
首页标题标签
<title>千锋教育-坚持教育初心,坚持面授品质,IT 培训良心品牌 </title>

栏目页标题标签
<title>权威的 HTML5 培训课程|Web 前端培训|H5 培训-千锋教育 </title>

产品页标题标签
<title>千锋软考培训,软考培训,高通过率软考培训机构-千锋教育 </title>
```

（5）标题标签以三个关键词最佳，关键词过多会让搜索引擎分不清核心内容是什么，反而不利于整体 SEO 效果。切记不可堆砌关键词。

（6）在标题标签中适当出现企业宣传语，刺激用户点击。

（7）标题标签 1 年内修改次数不要超过 3 次，前三个月尽量不要修改，否则会造成流量流失。

2. 描述标签关键词位置

描述标签是网站的描述部分，内容要吸引人，有亮点，控制在 80～100 个字最佳，中间穿插网站目标关键词。以千锋教育首页为例，示例如下。

```
首页描述标签：
<meta name="description"content="千锋教育_中国 IT 职业教育良心品牌,专注 Java 培训,Java EE 培训,PHP 培训,HTML5+Web 前端培训,Python+人工智能培训,并提供 Java 培训视频,PHP 培训视频,Linux 培训视频,HTML5 培训视频等 12 大学科培训视频,千锋教育长期坚持用"良心做教育",提供一流 IT 培训服务.">
```

不同栏目页的描述标签也是不同的，每个描述标签都要概括出该栏目的主要产品内容。以千锋教育“HTML5 栏目”为例，示例如下。

```
栏目页描述标签：
<meta name="description"content="千锋教育 Web 前端培训课程，融合了 HTML5 培训课程、CSS3 基础课程和移动前端交互 JavaScript+jQuery+Ajax 课程。千锋教育 H5 培训拥有完善的移动前端开发，提供专业的移动前端培训课程。">
```

3. 关键词标签关键词位置

通常首页关键词标签涵盖网站目标关键词或主营产品，数量以 5～10 个为佳，关键词用英文逗号隔开，按照重要程度从左向右排序，不得重复。

不同栏目页的关键词也有所不同，关键词是根据栏目页主要内容的选择，栏目页的关键词多是由目标关键词拓展的长尾词，数量在 3～5 个为宜。

内容页关键词数量在 1～2 个为宜。以千锋教育官方网站为例，示例如下。

```
首页关键词标签
<meta name="keywords" content="Java 培训,Java EE 培训,HTML5 培训,PHP 培训,Python 培训,人工智能培训,UI 培训,大数据培训,千锋,千锋教育"/>

Java 栏目页关键词标签
<meta name="keywords" content="java 开发培训,java 学习,java 开发,java 程序员培训,java 工程师培训"/>

内容页关键词标签
<meta name="keywords" content="千锋教育怎么样"/>
```

4. 图片 alt 标签关键词位置

众所周知，搜索引擎对图片并不友好，alt 标签可以清楚地表明图片内容。合理布局 alt 标签，同时做超链接指向首页或相关栏目页，可以提高首页展示率，首页 Logo 的 alt 标签一定是品牌词或目标关键词，示例如下。

```
alt 标签:
<a href="http://www.qfedu.com/" target="_blank" title="千锋教育"><img width="209" height
="54" alt="千锋教育" src="http://www.qfedu.com/images/new_logo.png"></a>
```

添加图片 alt 标签有利于网站图片被搜索引擎收录，对品牌宣传有很大的帮助，如图 2.22 所示。

图 2.22　图片被搜索引擎收录

5. 导航栏关键词位置

网站导航栏是一个经常被大家忽视的地方，很多网站都没有做好导航优化。如果导航栏没有匹配到长尾关键词，那优化难度会加大，以 SEO 为例，如图 2.23 所示。

图 2.23　导航栏优化

如图 2.23 所示，导航栏进行了合理的关键词布局，SEO 优化技术、SEO 案例分析、SEO 培训等均可以视为 SEO 延伸出的长尾关键词，匹配度较高。导航栏中加入关键词有利于提高关键词密度，进而提高关键词排名。

6. 内容页关键词位置

内容页一般指的是文章页，站内文章是整个网站的灵魂，搜索引擎支持原创度高、质量高、受欢迎的文章，高质量文章最容易被收录。除了保证文章质量以外，关键词的选取和数量也是 SEO 编辑的重要工作，它直接影响页面收录情况。

（1）文章标题的字数最好控制在 23 字以内并出现一次关键词，关键词在标题中越靠前，搜索引擎越容易抓取到文章主题，关键词排名也就越靠前。这一条不仅适用于站内优化，在站外的文章中同样适用。

例如，用户搜索词是“一点点奶茶怎么样”，搜索引擎会根据关键词位置以及文章质量做出排名，如图 2.24 所示。

（2）一篇文章要以一个关键词为核心展开撰写，多个关键词容易造成页面分权，内容混乱，不利于文章被收录。

文中关键词出现的次数宜控制在 3～5 次，具体次数要根据文章字数多少来定（一篇纯文字的文章字数最好控制在 500～800 字）。首段是整个文章中权重最高的，所以关键词在首段出现越早越好。第一次出现关键词时要加粗，利于引擎蜘蛛抓取，如图 2.25 所示。

图 2.24　关键词靠前则排名靠前

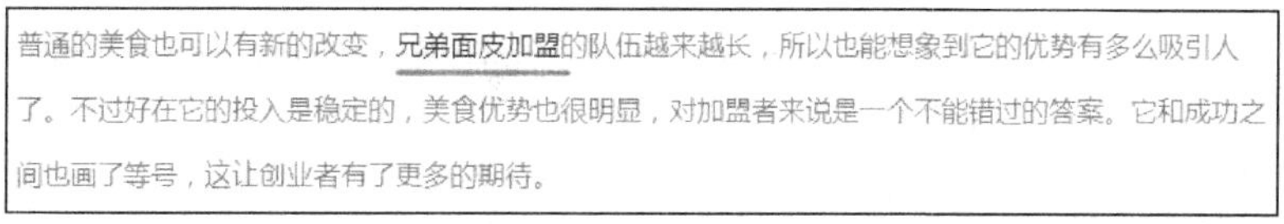

普通的美食也可以有新的改变，兄弟面皮加盟的队伍越来越长，所以也能想象到它的优势有多么吸引人了。不过好在它的投入是稳定的，美食优势也很明显，对加盟者来说是一个不能错过的答案。它和成功之间也画了等号，这让创业者有了更多的期待。

图 2.25　首段出现关键词

文章末尾也要出现 1～2 次关键词，如图 2.26 所示。

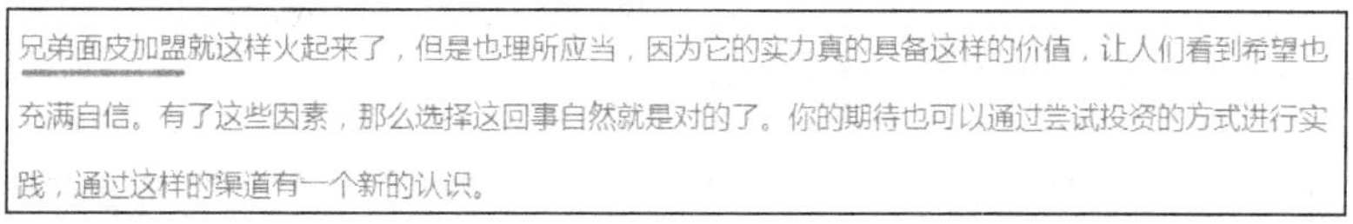

兄弟面皮加盟就这样火起来了，但是也理所应当，因为它的实力真的具备这样的价值，让人们看到希望也充满自信。有了这些因素，那么选择这回事自然就是对的了。你的期待也可以通过尝试投资的方式进行实践，通过这样的渠道有一个新的认识。

图 2.26　末尾出现关键词

（3）文章撰写时最好采用图文并茂的形式，丰富页面内容。图片要与文章内容相关，吸引浏览者阅读，图片 alt 标签一般采用文章关键词或文章标题，示例如下。

```
alt 标签
<div style="text-align:center;"><img alt="兄弟面皮加盟 "data-bd-imgshare-binded="1" src="/tuku/guonian_zixun/xdmp20181025-1-1.jpg" style="width:600px;height:400px;" /></div>
```

合理布局网站关键词对网站整体优化有良好的效果，可以清楚告知引擎蜘蛛每个页面有哪些内容，增加搜索引擎对网站的友好度，并提升网站收录率。

2.6.3　锚文本链接的应用

1．锚文本定义

把关键词做成一个超链接指向其他页面的形式称为锚文本链接。锚文本分为站内锚文本和站外锚文本，是提升网站排名的重要手段。要想获得不错的 SEO 效果，必须做好锚文本设置，这是 SEO 的重要工作。

搜索引擎会把锚文本作为判断网站行业的重要因素，如果网站经常用“饮品加盟”作为锚文本，搜索引擎则会判断这是一个饮品加盟类的网站。

为了提高网站流量和效率，很多 B2B 大中型平台都采用大量的锚文本，如赶集网、58 同城、慧聪网等平台，如图 2.27 所示。

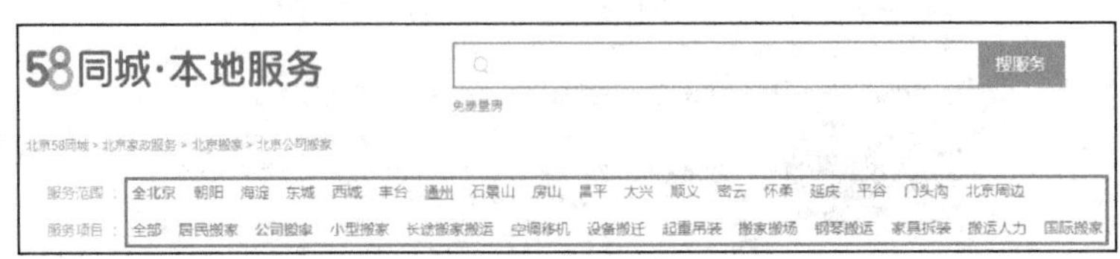

图 2.27　大量锚文本

2. 锚文本链接展示形式

（1）品牌名。这是最常见的锚文本展示形式，链接往往指向网站首页，可以提高网站首页曝光度和收录概率，如图 2.28 所示。

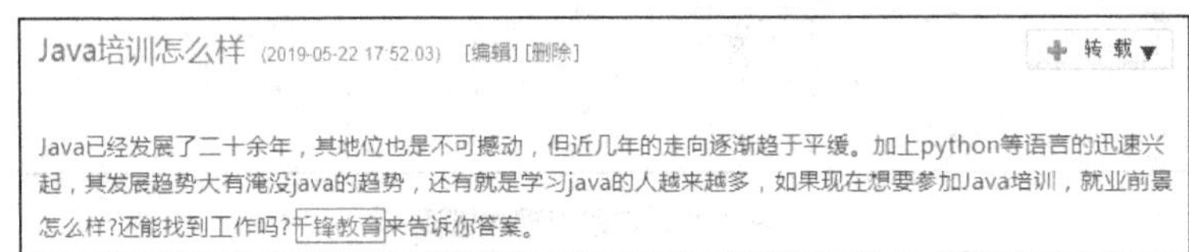

图 2.28　品牌名锚文本

（2）产品词。以企业主要产品为锚文本，链接指向网站内容页或产品页，如果该产品词是网站目标关键词，也可以指向网站首页，如图 2.29 所示。

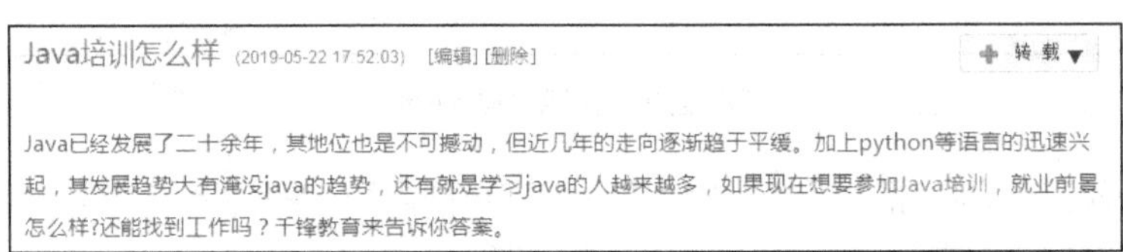

图 2.29　产品词锚文本

在图 2.29 中单击“Java 培训”锚文本链接，即可进入千锋教育官方网站。

（3）图片锚文本。图片锚文本也很常见，用户点击图片可以链接到相应的网站。图片的锚文本链接在 alt 标签中填写。

（4）品牌名（或地名）+关键词。这种锚文本形式非常好，可降低精准关键词的竞争度，例如，“Java 培训”是精准关键词，那锚文本可以是“千锋 Java 培训”“北京 Java 培训”等。长尾关键词常作为锚文本出现。

3. 站内锚文本设置原则

站内锚文本是内链的主要表现形式，合理的内链设置不仅让用户有很好的浏览体验，还可以提高关键词排名。锚文本不是随意设置的，遵循一定的原则才能取得不错的效果。

（1）同一页面中，相同的锚文本不宜出现不同的链接指向。

（2）同一页面中，锚文本链接数量不宜超过 5 个，包括目标关键词链接、图片链接以及文章标题链接。

（3）文中的目标关键词作为锚文本应指向网站首页，提高首页权重。

（4）锚文本字数不宜过多，尽量避免用一句话作为锚文本。

（5）页面长尾关键词作为锚文本时应指向相关栏目页或内容页，带动内页排名。

4. 站外锚文本设置原则

站外锚文本链接也就是常说的外链，相较于内链的设置，外链的设置更为关键，站内锚文本以提升网站权重、提高关键词排名为主旨，站外锚文本以为网站引流为主旨，二者缺一不可。

（1）锚文本要多样化。网站的关键词要多样化，通常外部锚文本以网站长尾词为主，可提升长尾关键词排名，从而带动网站排名。

（2）锚文本页面指向具有相关性。外链建设首先要确保锚文本与指向页面相关，如果锚文本是“饮品加盟怎么样”，但链接页面主题是小吃，不仅客户不精准，对网站也有不利影响。

（3）外链的锚文本最好不要拆开使用。例如，“SEO 技术”是一个完整的关键词，有的 SEO 人员喜欢将其拆成“SEO”“技术”，以为可以达到多样化的效果，其实不然，这对 SEO 一点帮助都没有。

（4）如果外部锚文本为网站目标关键词，则应指向网站首页，以提升网站目标关键词排名。

锚文本的应用有助于提高网站整体排名。网站中每个内页都应该有锚文本链接指向首页，让整个网站的权重集中在首页，首页权重高了，自然能够带动内页排名。

百度分词技术

2.7 百度分词技术

作为一名专业的 SEO 人员，了解百度分词技术是做好关键词排名的基础；但很多新手对百度分词技术并不理解，没有正确的优化思路，这也是后期 SEO 效果不理想的原因。

2.7.1 认识百度分词技术

百度搜索引擎根据用户搜索的词语，运用一些分词算法来把字符串拆分成独立的字符，这就是百度分词技术。例如，关键词为“北京网络优化”，如果正文中首先出现了“北京”这个词语，那关键词就会被拆分为“北京”和“网络优化”两个词。

在关键词与用户搜索词不能完全匹配的情况下，搜索引擎会根据关键词第一部分的密度进行排序，所以说关键词第一部分的密度比后面部分的密度更重要。密度大，排名靠前，如图 2.30 所示。

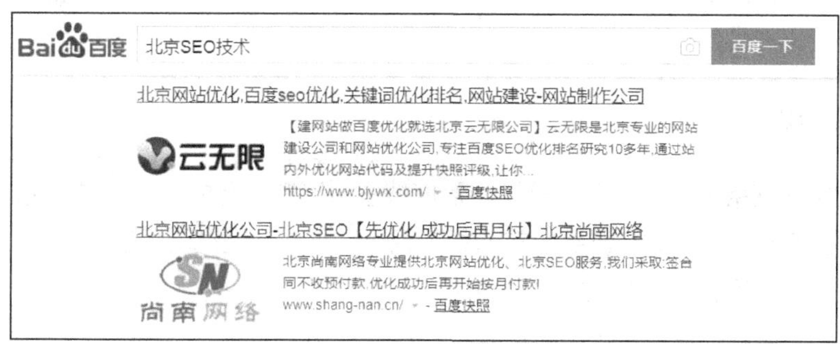

图 2.30 百度分词技术

看到图 2.30，很多人会疑惑：为什么展示在首页首位的不是与“北京 SEO 技术”完全匹配的网站呢？这就是百度分词算法，它自动把“北京 SEO 技术”分为了“北京 SEO”和“SEO 技术”，用百度快照可以看出，展示在前几位的网站“北京 SEO”权重最高，其次是“SEO 技术”，如图 2.31 所示。

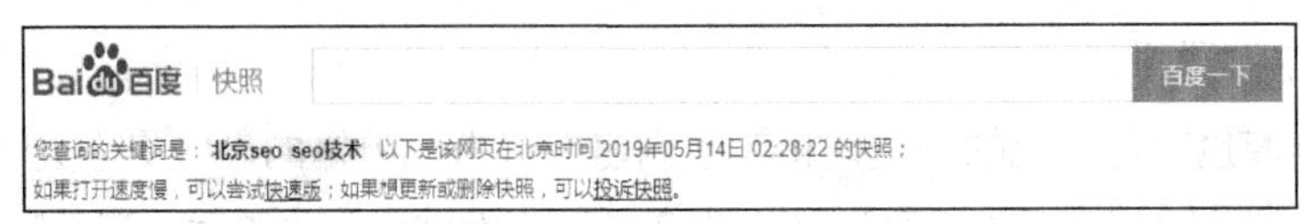

图 2.31 “北京 SEO”权重高

（注：关键词权重黄色>蓝色>绿色，标黄权重最高，标绿权重最低。）

而排名靠后的网站只有“北京 SEO”这一关键词权重较高，而“SEO 技术”基本没有权重，如图 2.32 所示。

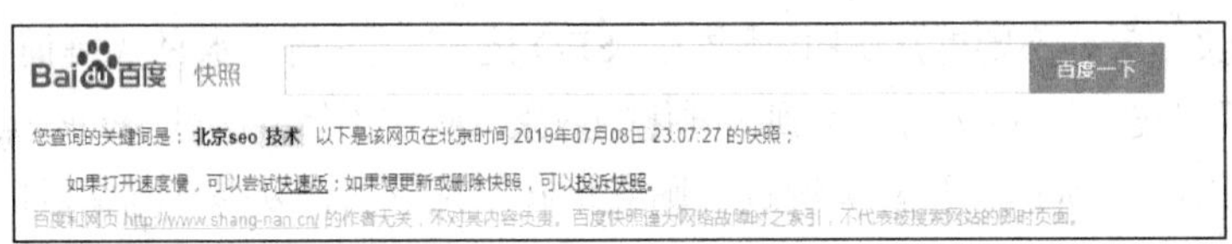

图 2.32 “SEO 技术”权重低

再举个例子，用户搜索词为“餐饮小吃加盟”，通过搜索结果可以看出排名靠前的网站并不是与搜索词高度相关的，如图 2.33 所示。

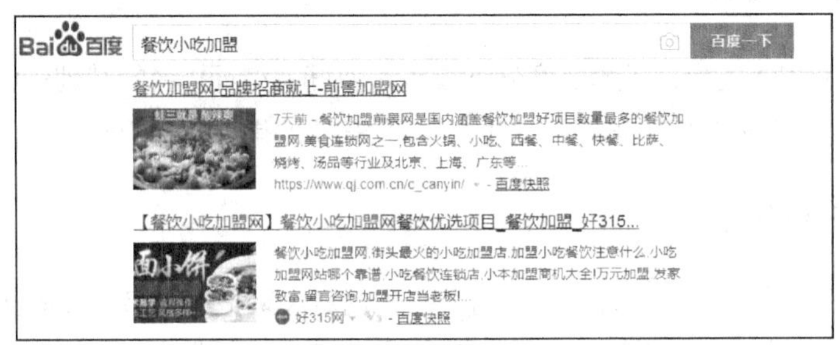

图 2.33 “餐饮小吃加盟”搜索结果

百度分词算法将“餐饮小吃加盟”分为“餐饮”“小吃”“加盟”三个词语，前景加盟网在标题和描述中多次出现这三个词，而它们在好 315 网中出现次数较少，故而后者排名靠后。

还有一点：前景加盟网的权重比好 315 网高，所以排名靠前。下一章详细讲解提高网站权重的方法。

2.7.2 百度分词算法

百度分词技术在网络上流传着很多算法。百度搜索引擎有自己的一套字典，它会对字典里没有的词进行拆分，将其拆分成字典中已经存在的相关词语，下面举例说明百度分词算法。

长尾关键词：水果冰淇淋怎么做好吃

百度分词后：水果、冰淇淋、怎么做、好吃

根据百度分词后的词语，搜索引擎会找到相应的文章，如表 2.1 所示。

表 2.1　百度分词对应的文章

分词后的词语	相应的文章主题
怎么做	做法、步骤教程等
好吃	食物口味，比如美味、可口、香甜
水果、冰淇淋	具体的产品

所以，水果冰淇淋做法步骤、水果冰淇淋做法大全等标题就能与这个长尾关键词相匹配，如图 2.34 所示。

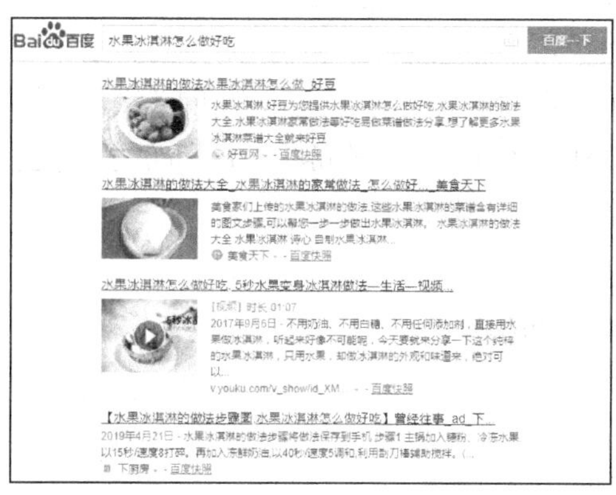

图 2.34　“水果冰淇淋怎么做好吃”搜索结果

2.7.3　查看百度分词的工具

市场上大多数分词工具都是开源分词器，如果没有编码基础不推荐使用，新手入门可以使用线上分词工具，如图 2.35 所示。

图 2.35　线上分词工具

百度分词技术不仅降低了优化关键词的难度，还能够促进关键词的多样化。但 SEO 人员不能纠结于某种算法体系，而要在这种体系上建立自己的优化思想，实现 SEO 最佳效果。

2.8　本章小结

本章讲述了关键词的选取方法及原则、关键词趋势预测、关键词布局以及百度分词技术，关键词制定在 SEO 工作中是最重要的一步，它关乎整个网站的发展，也是 SEO 能否成功的关键所在，选择最佳关键词进行优化耗时短，效果好。

2.9 习题

1. 填空题

（1）“北京 Java 培训哪家好”属于________关键词。

（2）获取长尾关键词的途径是________、________、________。

（3）网站能否参与排名很大程度上取决于________中的关键词。

（4）如果站外锚文本为企业品牌名，那它的链接应该指向________。

（5）一篇纯文字的内容页字数应该控制在________字。

2. 选择题

（1）以下哪些是选择关键词的原则（　　）。

A. 精准性　　B. 有热度

C. 有一定的商业价值　　D. 与企业产品相关

（2）关键词密度一般控制在（　　）。

A. 2%～8%　　B. 5%以上

C. 1%～2%　　D. 1%以下

（3）以下说法正确的是（　　）。

A. 选取关键词是 SEO 工作的重中之重

B. 关键词越精准越好，词越短越好

C. 锚文本可以随意设置，只要对应相关链接就行

D. 关键词最好选冷门的，这样排名靠前

（4）关于锚文本说法错误的是（　　）。

A. 在大中型 B2B 平台，可以大量使用锚文本链接

B. 锚文本是搜索引擎判断网站行业的重要因素

C. 锚文本要具有单一性，这样才能更精准

D. 图片锚文本主要指的是 alt 标签

（5）在选取关键词时，以下思想错误的是（　　）。

A. 尽可能选长尾关键词

B. 如果竞争对手是大型网站首页，则需要慎重考虑其关键词

C. 将关键词进行分类，使关键词合理分布在网站上

D. 选择热门关键词，一旦成功流量会源源不断

3. 思考题

（1）简述提升关键词排名的方法。

（2）如何进行关键词分析？

03 第 3 章　网站 SEO 技术研究

本章学习目标

- 掌握 SEO 技术名词的基本概念
- 了解各个名词的含义
- 灵活运用 SEO 技术

SEO 是一门营销技术，具有高效、精准的特点。通过本章的学习，读者可以深入了解网站跳出率、Alexa 排名以及索引等 SEO 技术名词，学习 robots.txt、301 重定向、sitemap 等 SEO 的相关技术。

3.1　SEO 技术入门

SEO 技术入门（上）

SEO 技术入门（下）

SEO 是一种利用搜索引擎算法规则来提高网站关键词自然排名的技术，本节主要针对 SEO 技术中所用到的名词进行讲解。了解网站 SEO 中各板块的意义，才能更准确地进行下一步的工作。在了解技术之前，首先要知道一种统计工具——百度统计工具。

3.1.1　百度统计工具

1. 定义

百度统计工具是百度推出的一款免费的专业网站流量分析工具，通过该平台可以清楚地了解用户在网站都做了什么，这些信息可以帮助 SEO 人员改善用户对网站的使用体验，提升网站转化率。

2. 安装方法

首先注册百度统计平台账号，登录成功后，单击导航栏中的“管理”，如图 3.1 所示。

添加网站站点后按照弹出的代码说明进行安装即可，安装成功 20 分钟后即可查看网站分析数据。

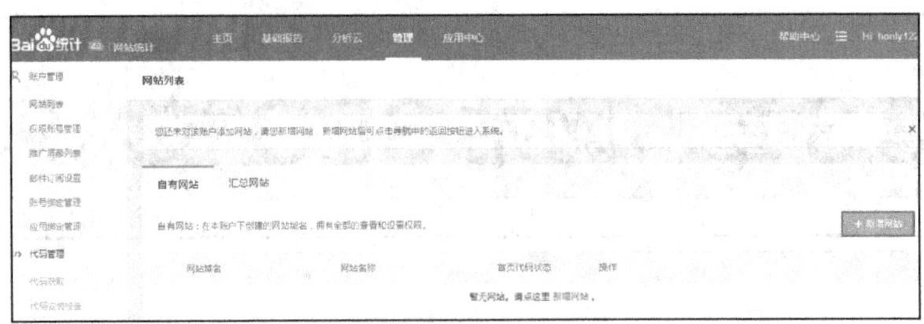

图 3.1　添加网站站点

3.1.2　网站跳出率

1. 定义

跳出率指的是一段时间内只浏览一页就离开的用户占总访问数的比例，用户浏览网站页数越多，跳出率越低，反之越高。

比如某个时间段内访问人数是 1000 人，其中有 100 人没有进行二次浏览就关掉了页面，这个网站的跳出率即为 100/1000=10%。

跳出率低代表网站黏度高，用户体验好，跳出率是衡量网站质量的重要因素。通过百度统计可查看网站跳出率，如图 3.2 所示。

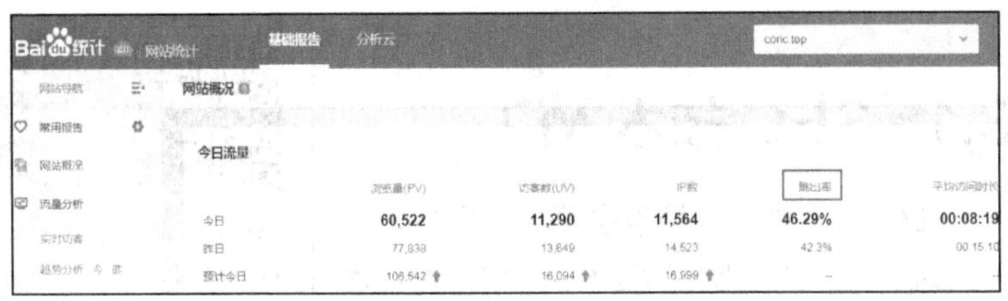

图 3.2　网站跳出率

2. 解决跳出率高的方法

质量较好的网站跳出率在 40%左右，如果网站跳出率超过 70%，那说明网站整体存在很严重的问题。跳出率过高会直接降低网站排名。

（1）提升网站访问速度。网站页面打开耗时不要多于 3 秒，最好是在 1.5 秒左右。要想保证页面加载速度，硬件设施要跟上，要选择稳定的服务器，首页尽量减少 JS 特效的使用，图片宜压缩后使用。

（2）做好网站内链布局。网站的每个栏目页都要有指向首页的锚文本链接，在内容页文章中以关键词为锚文本指向相关栏目页，方便用户浏览，提高黏度，如图 3.3 所示。

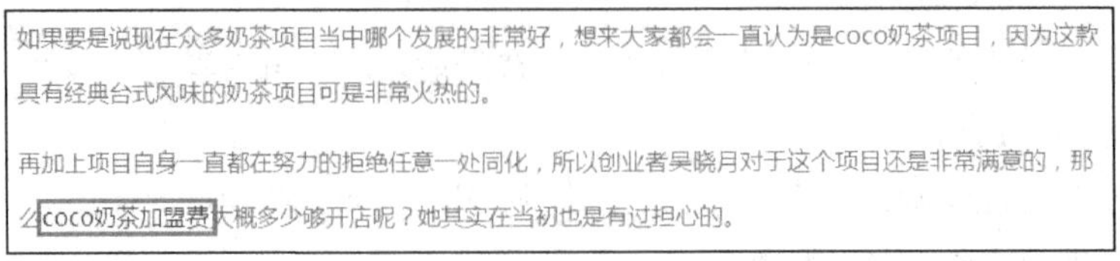

如果要是说现在众多奶茶项目当中哪个发展的非常好，想来大家都会一直认为是coco奶茶项目，因为这款具有经典台式风味的奶茶项目可是非常火热的。

再加上项目自身一直都在努力的拒绝任意一处同化，所以创业者吴晓月对于这个项目还是非常满意的，那么coco奶茶加盟费大概多少够开店呢？她其实在当初也是有过担心的。

图 3.3　关键词为锚文本

单击“coco 奶茶加盟费”这一锚文本直接跳转至 coco 奶茶专题页面。

（3）做好网站内容互联。在内容页页脚处添加与文章内容相关的其他内容推荐，方便用户继续阅读，如图 3.4 所示。

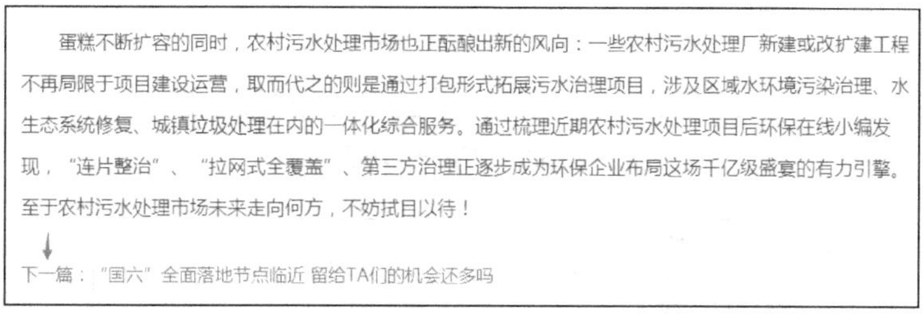

蛋糕不断扩容的同时，农村污水处理市场也正酝酿出新的风向：一些农村污水处理厂新建或改扩建工程不再局限于项目建设运营，取而代之的则是通过打包形式拓展污水治理项目，涉及区域水环境污染治理、水生态系统修复、城镇垃圾处理在内的一体化综合服务。通过梳理近期农村污水处理项目后环保在线小编发现，“连片整治”、“拉网式全覆盖”、第三方治理正逐步成为环保企业布局这场千亿级盛宴的有力引擎。至于农村污水处理市场未来走向何方，不妨拭目以待！

↓

下一篇：“国六”全面落地节点临近 留给TA们的机会还多吗

图 3.4 推荐文章

（4）网站首页要突出产品主题。如果企业是做计算机销售的，网站首页应体现出计算机价格、计算机型号以及计算机配套说明等，产品内容一目了然，方便用户快速查找想要的信息。以联想公司官方网站为例，如图 3.5 所示。

图 3.5 首页突出产品主题

3.1.3 PV 值

页面浏览量（Page View，PV）以 00:00—24:00 为统计时间段，在这段时间内用户每打开一次网页或刷新一次页面，PV 值+1。例如，一个计算机用户在 00:00—24:00 刷新、进入千锋教育首页 10 次，那它的 PV 值是 10。

1. **提高网站** PV **值的方法**

（1）文章进行分页处理。文章页面过长不仅会增加文章加载时间，还会让用户产生反感，文章分页功能可以解决这一问题，而且分页功能还会在无形中增加网站 PV，如图 3.6 所示。

（2）网站内容页加入锚文本链接。锚文本一般选用文章关键词，浏览用户一定是对页面内容感兴趣的，使用锚文本链接可以将用户引入其他相关产品界面，不仅可以留住客户，还能增加网站 PV。

（3）增加相关推荐内容。了解用户需求是 SEO 人员需要具备的能力，相关推荐栏可以刺激用户继续点击，推荐内容要与本页内容相关，如图 3.7 所示。

（十三）加强移动源排放监管能力建设。推进遥感监测设备配置、平台建设和联网工作。2019年底前，建设完善遥感监测网络、定期排放检验机构国家一省一市三级联网的遥感监测系统平台。（牵头单位：市生态环境局；责任单位：市公安局、市交通运输局）

首页 1 2 下一页

图 3.6　文章分页功能

Anchor Text-链接锚文本　192,280次阅读

Anchor Text 中文解释：“**链接锚文本**”。

举个例子说明链接锚文本：

哪里可以最简捷学习SEO呢，SEO十万个为什么或许是个不错的选择。这里，SEO 就是链接锚文本（Anchor Text）。

Anchor Text 非常重要。通过一个简单实验，可以深刻理解这个重要性。

在 www.google.com 中搜索 "click here"，我们发现，排在搜索结果第一页第一位的是 www.adobe.com 的网页，下面几位是 www.xe.com、www.apple.com、www.microsoft.com 等（这几个的PR值均为9或10，过会儿去看看）。

这几个网站的页面内都不包含 "click here" 这个关键词，那为什么他们排到前几位去了呢？

原因是：为数众多的网页以 "click here" 为链接锚文本指向这几个网站。

阅读本文的人还可以阅读：

SEO怎么做？SEO的具体流程是什么？

二级域名如何绑定一级目录

搜索跳出率是什么？能带来什么价值？

SEO最需要了解的三要素：域名 程序 模板

图 3.7　相关推荐内容

增加相关推荐内容一定要站在用户的角度考虑问题，不要推荐一些无关内容或者让程序员后台随机添加，这样达不到提高 PV 值的效果。

2. 查看 PV 值的方法

通过百度统计可以准确查看网站每天的 PV 值，如图 3.8 所示。

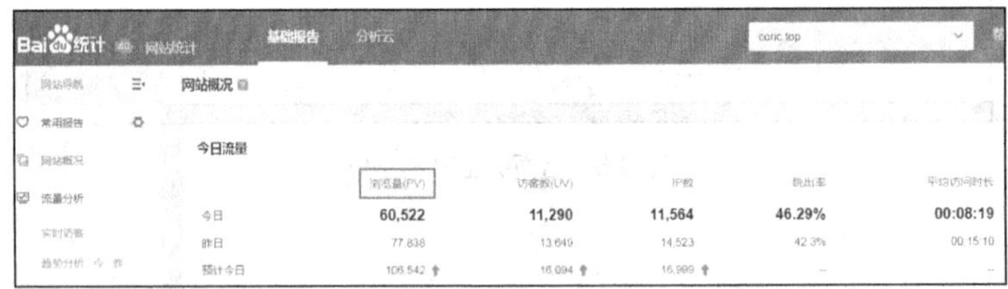

图 3.8　查看 PV 值

3.1.4　PR 值

网页级别（PageRank，PR）也叫网站权重，是 SEO 需要注意的一个指标，它用来衡量网站等级，级别从 0 到 10，是谷歌排名算法法则的一部分。PR 值越高表明该网站越受欢迎，重要性越强。

1. PR 值下降的原因

（1）与 PR 值过高的网站做友情链接。只追求友链的高权重，不仅对自身网站没有好处，还会将企业站的流量转给高权重方，得不偿失。

（2）网站内容质量低。SEO 的核心就是网站内容，如果内容不吸引人，质量低，关键词和网站布局做得再好，带来的流量也无法转化。

（3）外链质量下降会直接影响网站 PR 值。网站外链平台垃圾平台过多或无效链接过多会降低 PR 值。

（4）meta 标签与网站主题不相符。

（5）网站内容重复率高，收录率过低。

2. **提高 PR 值的方法**

（1）选择比网站权重高 2 个等级以内、与企业产品相关、每日有内容更新的网站做友链。

（2）提高网站内容原创度，保证一定的原创性。优质的网站内容不仅有利于提升用户体验，对网站权重也有提升的作用。

（3）外链是影响网站排名的重要因素，也是影响 PR 值的因素，所以定期定量地提交高质量外链可以提高搜索引擎对网站的友好度。

（4）meta 标签（主要是指 TDK 标签）要与网站主题相关，应合理布局 TDK 标签中关键词的内容和数量，在网站域名中也可以出现关键词或品牌名，用英文代替中文即可。

（5）网站要有规律的更新频率，比如网站更新时间是中午 12 点之前，那就应该每天如此。

（6）提高网站整体收录率，可以有效提升网站 PR 值，方法如下。

①降低文章相似度，提高文章原创度，每篇文章的原创度要保持在 65%以上。

②文章标题中必须出现一次关键词；文章首段和摘要都要出现关键词，出现越早，越容易被搜索引擎抓取；文章末段出现一次关键词；文中图片 alt 标签也要包括关键词。

③内容页文章建立以关键词为锚文本的链接，超链接最好是在首段或末段，出现次数不宜超过 3 次，目标关键词指向首页，长尾词指向相关栏目页。

④网站的每个栏目都要有内容更新。

⑤为网站文章建立相应的外链，选择高权重、更新速度快、流量大的平台作为链接站点。

PR 值的提升是长期的过程，要持之以恒地努力，才能看到不错的效果。

3. **PR 值查询方法**

通过站长工具可以查看网站的 PR 值，如图 3.9 所示。

图 3.9　通过站长工具查看 PR 值

通过爱站网同样可以查看网站的 PR 值，如图 3.10 所示。与站长工具的数据相比，爱站网显示的权重值更为准确。

谈到 PR 值，就不得不说一下 PR 输出值，在站长工具的相应页面单击“计算 PR 输出值”，如图 3.11 所示。

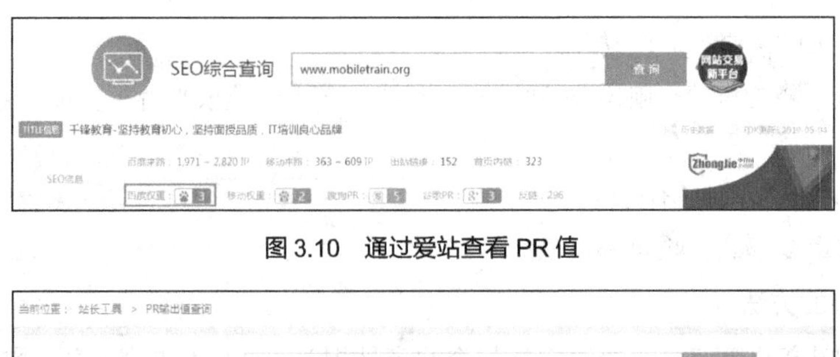

图 3.10　通过爱站查看 PR 值

图 3.11　计算 PR 输出值

PR 输出值指的是带给友情链接网站的 PR 值，外链数量越多，PR 输出值越小。

3.1.5　Alexa 排名

Alexa 排名是网站流量全球排名，数字越小，排名越高，如图 3.12 所示。

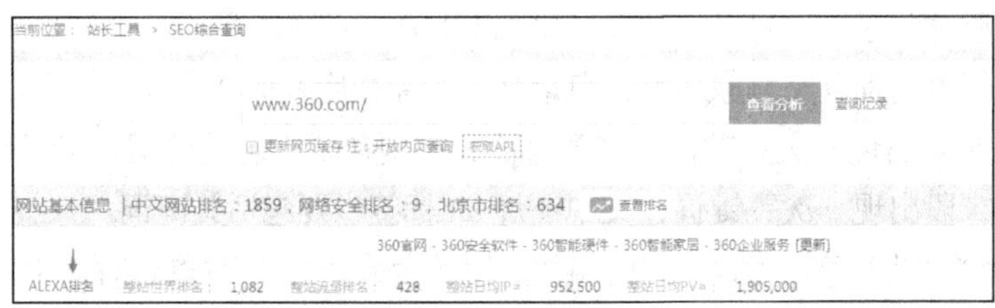

图 3.12　Alexa 排名

Alexa 排名是分析平台根据网站近 3 个月的日均访问人数和页面浏览量得出的结果，体现了网站访问量的大小，虽然 Alexa 排名并不具有绝对的权威性，但大多数 SEO 人员仍把它当作衡量标准。

对 Alexa 排名不要过度迷信，网站访问量越大，站长工具的 Alexa 排名越精准，如果访问量低于 10 万，排名准确度就大打折扣了。作为 SEO 人员，可以参考排名数据，但不能以它为最终审核数据。

3.1.6　百度快照

当用户搜索某个产品时，在百度首页会出现两种展示形式：一种是竞价排名，点击即收费，价高者靠前；另一种是自然排名，也就是百度快照，如图 3.13 所示。

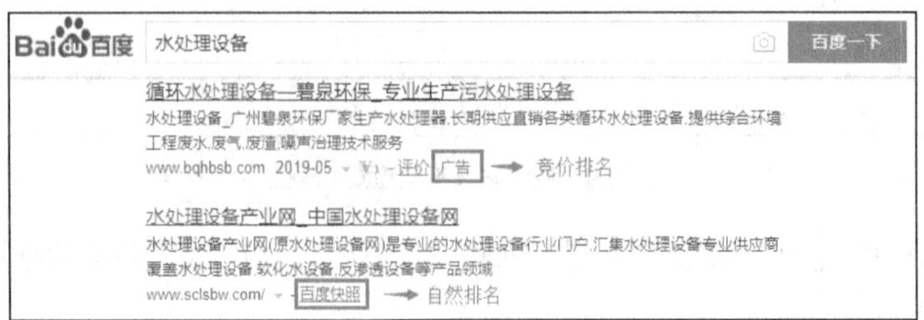

图 3.13　竞价排名和百度快照

就快照而言，360 快照、搜狗快照与百度快照的展示形式不同，如图 3.14、图 3.15 所示。

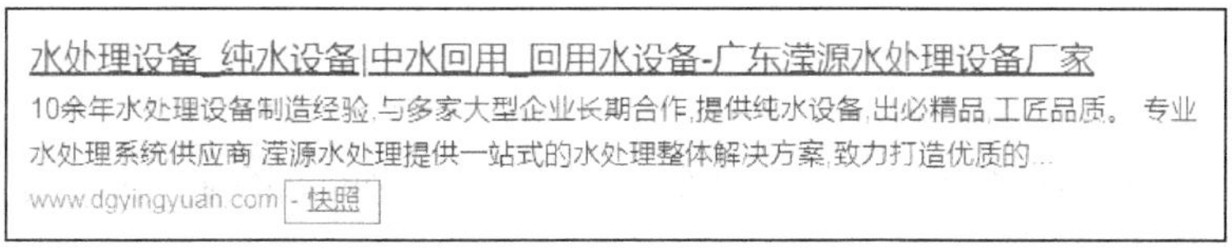

水处理设备_纯水设备|中水回用_回用水设备-广东滢源水处理设备厂家
10余年水处理设备制造经验,与多家大型企业长期合作,提供纯水设备,出必精品,工匠品质。 专业水处理系统供应商 滢源水处理提供一站式的水处理整体解决方案,致力打造优质的...
www.dgyingyuan.com - 快照

图 3.14　360 快照

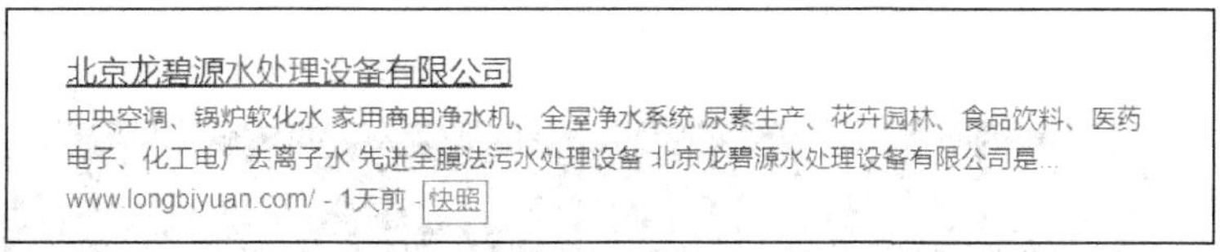

北京龙碧源水处理设备有限公司
中央空调、锅炉软化水 家用商用净水机、全屋净水系统 尿素生产、花卉园林、食品饮料、医药电子、化工电厂去离子水 先进全膜法污水处理设备 北京龙碧源水处理设备有限公司是...
www.longbiyuan.com/ - 1天前 - 快照

图 3.15　搜狗快照

1. 百度快照的优点

（1）信任度高，用户更容易点击自然排名的网站。

（2）相对于竞价营销，SEO 投入成本低，效果好。

（3）排名稳定，流量稳定。

2. 百度快照对 SEO 的影响

（1）引领引擎蜘蛛爬行和抓取。引擎蜘蛛更喜欢快照更新快的网站，这意味着网站有持续的内容更新。SEO 人员应定期查看快照时间，了解网站更新频率。单击“百度快照”查看网站更新时间，如图 3.16 所示。

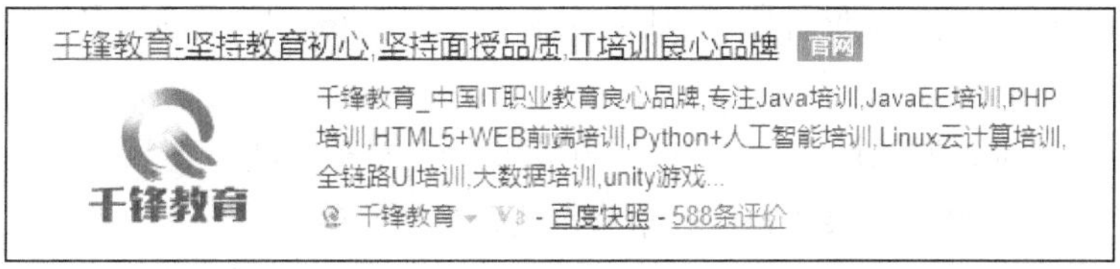

千锋教育-坚持教育初心,坚持面授品质,IT培训良心品牌 官网
千锋教育
千锋教育_中国IT职业教育良心品牌,专注Java培训,JavaEE培训,PHP培训,HTML5+WEB前端培训,Python+人工智能培训,Linux云计算培训,全链路UI培训,大数据培训,unity游戏...
千锋教育 - 百度快照 - 588条评价

图 3.16　单击“百度快照”

单击后看到的网站更新时间如图 3.17 所示。

Bai百度 快照
百度一下
您查询的关键词是：千锋教育 以下是该网页在北京时间 2019年05月18日 00:05:37 的快照；
快照更新时间
如果打开速度慢，可以尝试快速版；如果想更新或删除快照，可以投诉快照。

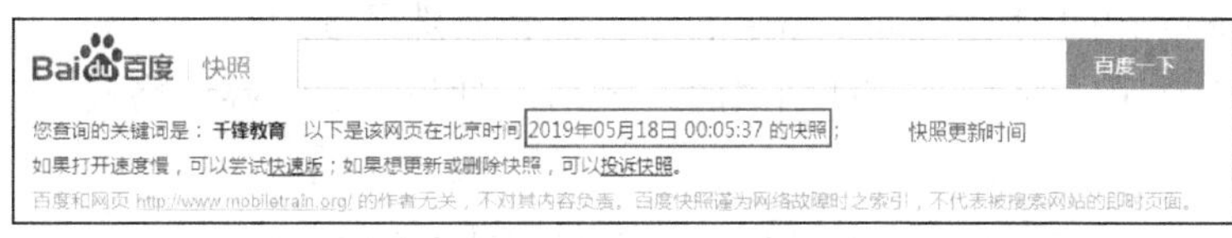

图 3.17　快照更新时间

（2）快照投诉。百度快照并不是实时更新的，如果网站近期更新了 TDK 标签，但快照并没有及时更新，可以进行快照投诉，如图 3.18 所示。

Bai百度 快照
百度一下
您查询的关键词是：千锋教育 以下是该网页在北京时间 2019年05月18日 00:05:37 的快照；
如果打开速度慢，可以尝试快速版；如果想更新或删除快照，可以投诉快照。

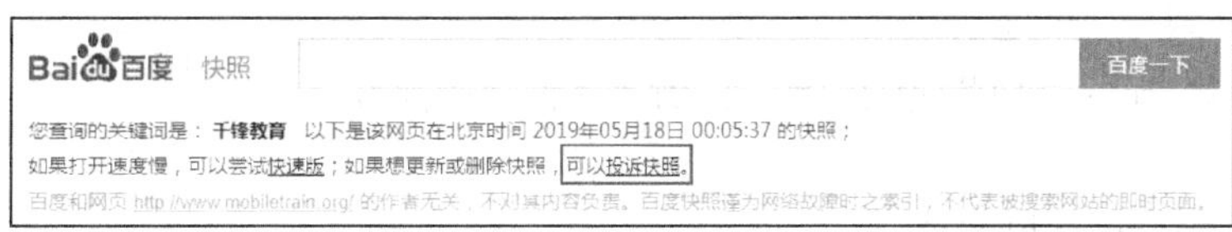

图 3.18　快照投诉

3.1.7 URL

URL（Uniform Resource Locator，统一资源定位符）指的是网站网址，URL 位置如图 3.19 所示。

图 3.19 查看 URL

通常情况下，URL 是由四部分组成的：协议、网站域名、文件名以及页面 ID。它分为静态 URL 和动态 URL，通常说的动态 URL 指的是末尾带问号、php 和 asp 的网址，而静态 URL 不带参数。

1. **静态 URL 的优势**

（1）静态 URL 有利于搜索引擎收录网站页面信息。

（2）静态 URL 不带参数，用户更容易理解页面内容。

（3）静态 URL 符合搜索引擎的抓取原则，有利于网站排名。

2. **URL 设计**

（1）URL 越短越好，内页最好控制在三层（除协议部分 http://），网站域名+文件名+页面 ID。简短的 URL 利于用户传播和复制。

（2）URL 显示的参数要控制在 2～3 个，否则会让用户眼花缭乱。

（3）目录结构尽量简洁，百度更喜欢收录分类页较少的网站。

（4）中文网站的 URL 可以包含简单的指示性英文单词，有利于提升用户体验。

（5）URL 的字母全部小写。

（6）URL 最好是静态的。

（7）URL 中尽量不要出现除字母、数字、/、.以外的特殊符号。

（8）确保 URL 规范，所有页面链接采用统一规则，如统一使用 www 格式。

3. **301 重定向**

URL 规范化处理后，可以提高域名权威性。如果同时存在多个链接指向同一页面，则可以判定为 URL 不规范。解决这种问题最好的办法就是 301 重定向，通过 301 重定向，将 URL 指向目标 URL，例如，www.baidu.com 和 baidu.com 都指向百度首页，这说明该页面设置了 301 重定向。

301 重定向是一种自动转向技术，当用户或搜索引擎进入网站时，服务器返回一种状态码，表示本网页永久性转移到另一个地址。

假设 www.qfedu.com 是规范化的网址，同时有下面 3 个网址：

qfedu.com

www.qfedu.com/index.html

qfedu.com/index.html

将这三个网址都做 301 重定向转到 www.qfedu.com，搜索引擎知道该网址是规范 URL，会将其他三个网址的权重集中在该网址上。一般网站需要修改域名的时候，都会对老网址进行 301 重定向，避免流量白白流走。

4. 301 重定向设置

301 重定向可使用.htaccess 文件，例如，将/old.html 重定向到 http://www.qfedu.com/new.html，可以在.htaccess 文件中放入以下指令：

```
redirect 301/old.html http://www.qfedu.com/new.html
```

把不带 www 的网址 301 重定向到带有 www 的网址，可以在.htaccess 文件中放入以下指令：

```
Options +FollowSymLinks
RewriteEngine on
RewriteCond %{HTTP_HOST} ^qfedu.com [NC]
RewriteRule ^(.*)$ http://www.qfedu.com/$1 [L,R=301]//把所有二级域名重定向至该网址
```

如果网站页面是纯静态 HTML，则无法做 301 重定向。如果页面是 ASP（Active Server Pages，动态服务器页面）或 PHP（Hypertext Preprocessor，超文本预处理器）网页，则可以做 301 重定向，示例如下。

301 重定向 ASP 代码：

```
<%@ Language=VBScript %>
<%
Response.Status="301 Moved Permanebtly"
Response.AddHeader"Location","http://www.qfedu.com">
```

301 重定向 PHP 网页代码：

```
Header("HTTP/1.1 301 Moved Permanently");
Header("Location:http://www.qfedu.com");
```

通常企业在购买网站服务器时会咨询服务商服务器是否带有 301 重定向功能，大多数服务器都带有这种功能，SEO 人员只需登录服务器根据软件指示操作即可。301 重定向可以有效地实现网站集权，提高网站排名。

3.1.8　索引

索引是 SEO 人员经常谈论的话题，很多初学者认为索引量就是收录量，实际它们的概念是完全不同的。简单理解，索引是被引擎蜘蛛抓取入库的一个过程，网页只有被收录了才有机会进入索引库，但并不是被收录的网页都会进入索引库，这也就是网页被收录了却没有排名和流量的原因，索引库只抓取质量高的收录页面。

1. 查看网站索引量

通过站长工具或者爱站网都能查看网站索引量，以爱站网为例，如图 3.20 所示。

收录是索引的前提，要想保证良好的收录情况，网站基础优化和布局要做好。

图 3.20 查看网站索引量

2. 提高网站收录量和索引量

（1）网站优化和排版。网站界面要突出产品关键词，导航页、栏目页、内容页都要出现关键词，文章中要设置至少一个内链，链接形式多样化，保证每个内页都能展示。

（2）文章内容要优质。对用户有参考价值且原创度高的内容称为高质量内容，搜索引擎收录的最终目的是为用户带来有价值的内容，因此做好网站内容，能够有效地提高网站收录量和索引量。

（3）内容更新频率。每日更新可以保证网站快照显示最新时间，快照更新是建立排名的关键，定期、有规律地发文章会增加搜索引擎对网站的友好度。

（4）良好的网站结构。网站收录量与网站结构布局有很大关系，逻辑清晰的网站结构更容易被引擎蜘蛛抓取。做好栏目分类，根目录下有多个产品分类栏目，每个栏目下有相应的产品页面，这就是大家常说的树形结构，这种结构更受搜索引擎喜欢，以千锋教育官方网站为例，如图 3.21 所示。

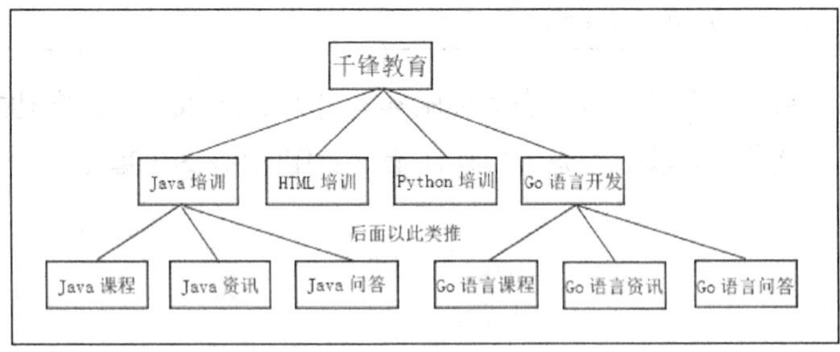

图 3.21 网站树形结构

网站树形结构不仅仅体现在页面布局上，也体现在 URL 上，树形结构逻辑清晰，页面间的隶属关系一目了然，如表 3.1 所示。

表 3.1 页面隶属关系

导航页 URL	具体产品 URL
http://www.mobiletrain.org/about/info/	http://www.mobiletrain.org/about/info/57399.html
http://www.mobiletrain.org/about/story/	http://www.mobiletrain.org/about/story/57407.html

3.2　SEO 相关技术研究

SEO 相关技术研究（上）

SEO 相关技术研究（下）

3.2.1　robots 文件

引擎蜘蛛每次爬行网站时都会首先访问网站根目录下的 robots.txt。robots.txt 是网站跟搜索引擎间的协议，它告诉引擎蜘蛛哪些网页可以被收录，哪些网页不可以被收录，如果网站没有 robots.txt，那引擎蜘蛛会以为网站允许全部抓取。

如果想要搜索引擎收录网站全部页面，可以在网站根目录上传内容为空的 robots.txt，注意 robots.txt 全部是小写。

1. robots 文件应用场景

（1）多个 URL 的状态

网站动态 URL 已经改为静态 URL 或伪静态 URL，而先前的动态 URL 不希望被引擎蜘蛛抓取，可以使用 robots 文件屏蔽先前的动态链接。

（2）网站改版

网站改版意味着很多页面链接都会失效，为了避免网站出现大量死链，可将失效链接写在 robots 文件中，屏蔽搜索引擎对失效链接的抓取。

（3）网站内部资料

每个网站都有不便于公开的信息资料，只有内部人员可以查阅，可以在 robots 文件中告诉引擎蜘蛛不要抓取这些页面。

（4）重复交叉页面过多

如果站内重复交叉页面过多，可以将无意义的页面用 301 重定向转化成统一的 URL，然后用 robots 文件屏蔽掉，减少网站垃圾页面的数量。

2. robots 文件查看

robots 文件应当放在根目录下，通过"域名/robots.txt"查看即可，如图 3.22 所示。

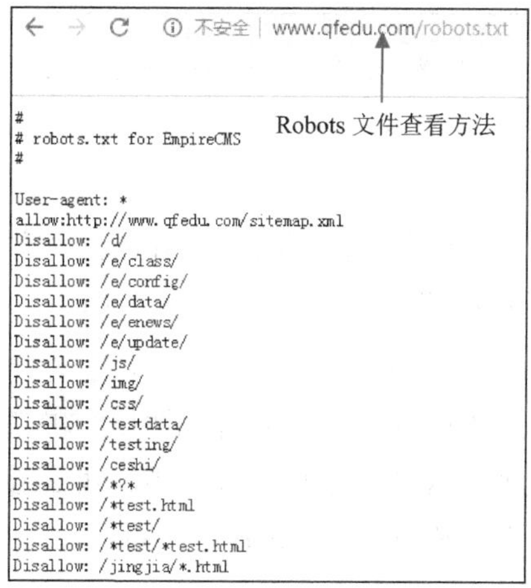

图 3.22　robots 文件查看方法

图 3.22 中，allow 后面是允许蜘蛛爬行的页面，Disallow 后面则是不允许蜘蛛爬行的路径和文件。

3. robots 文件基本写法

robots 文件不可更改名称，创建后放在网站根目录下即可，具体写法如表 3.2 所示。

表 3.2 robots 文件基本写法

写 法	含 义
*	所有的搜索引擎
User-agent:*	允许所有的搜索引擎访问站点
User-agent:Baiduspider	允许百度搜索引擎访问站点
allow:/art	允许抓取 art 目录下的所有内容
Disallow:/	禁止抓取除 allow 以外的所有页面
Disallow:/a/	禁止抓取 a 目录下的所有内容
Disallow:/a/*.html	禁止访问 a 目录下所有以“.html”为后缀的链接（包括子目录）
Disallow:/*?*	禁止访问包含“？”的网址，一般指的是动态 URL
Disallow:/.jpg$	禁止抓取所有 JPG 格式的图片
allow:/a/	允许爬行 a 的整个目录
allow:.asp$	仅允许访问带“$”的网址

网站 SEO 基本都会用到 robots 文件，文件内容区分大小写，Disallow 首字母必须大写，否则影响优化效果。如果文件中同时出现 allow 和 Disallow，优先遵循 allow 规则。

4. robotsy 文件应遵循的原则

（1）不要屏蔽首页的后缀，如 index.php、index.html 等。

（2）robots 文件要尽量简洁，降低“*”“？”等符号的出现频率。

（3）要选择性地屏蔽，不要屏蔽大量页面，首页不能被屏蔽掉。

（4）文件中一定要放入 sitemap（网站地图），示例如下。

```
Sitemap:http:www.qfedu.com/faq/sitemap.xml
```

（5）robots 文件中的规则可以分批设置，不一定要一次性统一设置，一般设置完成后一个月生效。

3.2.2 网站地图

网站地图包含了网站中所有需要搜索引擎抓取的页面链接，引擎蜘蛛沿着网站地图的链接爬行，可以清楚地了解网站架构，更容易抓取网页。网站地图一般以 sitemap 命名，存放在网站根目录下。

1. 网站地图的作用

（1）对整个网站的链接及框架进行简单的展示，便于引擎蜘蛛查阅、爬行、抓取。

（2）网站的动态页面或其他难以抓取的页面可以通过网站地图提交给引擎蜘蛛。

（3）对于信息量比较大的门户型网站来说，网站地图可以让用户轻松找到需要的信息，提升用户体验。

2. 构建网站地图

网站地图不仅要满足用户的搜索需求，还要迎合引擎蜘蛛的爬行喜好，所以在构建网站地图时需要使用些小技巧。

网站地图有 HTML、可扩展标记语言（eXtensible Markup Language，XML）两种格式，其作用基本相同，但针对对象不同，HTML 格式是展示给用户的，XML 格式是展示给搜索引擎的。最简单的网站地图就是将页面 URL 一行行地列出，XML 是最常见、最简单的格式，示例如下。

```
<?xml version="1.0" encoding="UTF-8"?>    //文件是 UTF-8 编码
<urlset xmlns="http://www.sitemap.org/schemas/sitemap/0.9/sitemap.xsd">
<url>
  <loc>http://www.qfedu.com</loc>  //添加页面 URL
  <priority>0.5</priority>   //URL 重要程度
  <lastmod>2019-05-29</lastmod>  //最后一次更新时间
  <changefreq>weekly</changefreq>  //文件更新频率
  </url>
</urlset>
```

XML 格式的 sitemap 标签各有不同的意义，如表 3.3 所示。

表 3.3　sitemap 标签意义

sitemap 标签	标签意义
urlset	必需标签，声明文件 sitemap 版本
url	必需标签，所有网址的母标签
loc	必需标签，添加页面完整 URL
priority	可选标签，表示 URL 重要程度，标签值为 0.0 ~ 1.0，1.0 表示最重要，默认值是 0.5
lastmod	可选标签，最后一次更新时间
changefreq	可选标签，文件更新频率，标签值包括 always、hourly、daily、weekly、monthly、yearly、never

3. 网站地图生成工具

SEO 人员要想快速获得网站页面 URL，在生成网站地图时可以使用小爬虫工具，将网站所有有效 URL 在线生成文件，如图 3.23、图 3.24 所示。

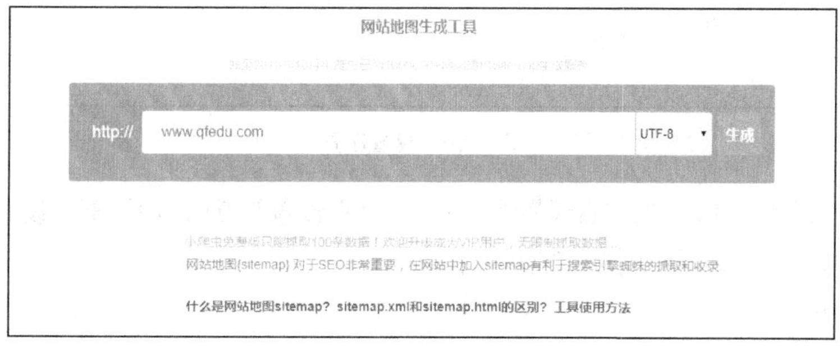

图 3.23　小爬虫工具界面

```
小爬虫--免费的网站地图在线生成工具 www.sitemap-xml.org
【服务器资源限制】小爬虫免费版只能抓取100条数据　　购买VIP【无限制】，一年只需要30元！
您要生成的域名为: www.qfedu.com ,处理状态:
请耐心等待，最后会生成网站地图html文件，即可下载：
--->成功:0 失败:0  当前页面:http://www.qfedu.com 标题:千锋教育-做有情怀、有良心、有品质的IT职业教育机构
--->成功:1 失败:0  当前页面:http://www.qfedu.com/jingjia/html5-video.html 标题:千锋教育HTML5视频教程_全套HTML5视频教程免费下载
--->成功:2 失败:0  当前页面:http://www.qfedu.com/jingjia/php-video.html 标题:千锋教育PHP视频教程_全套PHP视频教程免费下载
--->成功:3 失败:0  当前页面:http://www.qfedu.com/jingjia/python-video.html 标题:Python视频教程-Python学习视频-千锋教育
--->成功:4 失败:0  当前页面:http://www.qfedu.com/about/news/2025.html 标题:共探IT人才培养模式 千锋与搜狐畅游签订人才定制培养协议_千锋教育
--->成功:5 失败:0  当前页面:http://www.qfedu.com/jingjia/bigdata-video.html 标题:千锋教育大数据视频教程-全套大数据视频教程免费下载
--->成功:6 失败:0  当前页面:http://www.qfedu.com/jingjia/pmp.html 标题:千锋PMP培训|PMP认证|高通过率PMP认证机构
--->成功:7 失败:0  当前页面:http://www.qfedu.com/about/job.html 标题:招贤纳士-关于学院-千锋教育
--->成功:8 失败:0  当前页面:http://www.qfedu.com/jingjia/linux-video.html 标题:千锋教育Linux云计算视频教程_全套Linux云计算视频教程免费下载
--->成功:9 失败:0  当前页面:http://www.qfedu.com/jingjia/java-video.html 标题:千锋教育Java视频教程_全套Java视频教程免费下载
--->成功:10 失败:0  当前页面:http://www.qfedu.com/jingjia/rjks.shtml 标题:千锋软考培训，软考培训，高通过率软考培训机构-千锋教育
--->成功:11 失败:0  当前页面:http://www.qfedu.com/jingjia/go-video.html 标题:千锋教育Go语言视频教程_全套Go语言视频教程免费下载
--->成功:12 失败:0  当前页面:http://www.qfedu.com/jingjia/rjcs-video.html 标题:千锋教育软件测试视频教程_全套软件测试视频教程免费下载
```

图 3.24　提取网站 URL

4. 制作网站地图注意事项

（1）网站地图通常推荐使用 XML 格式，如图 3.25 所示。

```
This XML file does not appear to have any style information associated with it. The document tree is shown below.
▼<urlset xmlns="http://www.sitemaps.org/schemas/sitemap/0.9" xmlns:xsi="http://www.w3.org/2001/XMLSchema-instance"
 xsi:schemaLocation="http://www.sitemaps.org/schemas/sitemap/0.9 http://www.sitemaps.org/schemas/sitemap/0.9/sitemap.xsd">
  ▼<url>
     <loc>http://www.qfedu.com</loc>
     <priority>1.00</priority>
     <lastmod>2019-07-03</lastmod>
     <changefreq>weekly</changefreq>
   </url>
  ▼<url>
     <loc>http://www.qfedu.com/about/news/2743.html</loc>
     <priority>0.5</priority>
     <lastmod>2019-07-03</lastmod>
     <changefreq>weekly</changefreq>
   </url>
  ▼<url>
     <loc>http://www.qfedu.com/jingjia/python-video.html</loc>
     <priority>0.5</priority>
     <lastmod>2019-07-03</lastmod>
     <changefreq>weekly</changefreq>
   </url>
```

图 3.25　XML 格式的网站地图

（2）网站地图中 URL 通常采用时间倒序排列，搜索引擎抓取网页是由上至下抓取，将最近发布的页面放至网站地图前端有利于搜索引擎率先抓取刚刚更新且没有收录的页面。

（3）如果网站没有自动更新网站地图功能，SEO 人员需要每周手动更新网站地图中的 URL，并重新提交给搜索引擎。

（4）将网站地图放入 robots 文件，robots 文件是引擎蜘蛛访问网站时爬行的第一个文件，将网站地图放入 robots 文件可以告知搜索引擎哪些 URL 需要被收录，示例如下。

```
Sitemap:http:www.qfedu.com/faq/sitemap.xml
```

（5）XML 格式的网站地图中需要设置页面权重，也就是常说的权重分子，如图 3.26 所示。

```
▼<urlset xmlns="http://www.sitemaps.org/schemas/sitemap/0.9" xmlns:xsi="http://www.w3.org/2001/XMLSchema-instance"
 xsi:schemaLocation="http://www.sitemaps.org/schemas/sitemap/0.9 http://www.sitemaps.org/schemas/sitemap/0.9/sitemap.xsd">
  ▼<url>
     <loc>http://www.qfedu.com</loc>
     <priority>1.00</priority>    权重分子
     <lastmod>2019-07-03</lastmod>
     <changefreq>weekly</changefreq>
   </url>
```

图 3.26　权重分子

首页权重分子设置为 1.0，内容页设置为 0.8，栏目页设置为 0.9，切记不可设置为同一数值，不同的数值可以让搜索引擎一眼看出页面的重要程度。

5. 网站地图提交

做好网站地图后，可以通过 robots 文件和站长工具两种方式将其提交给搜索引擎。站长工具方

式相对简单，只需打开百度站长后台提交 sitemap 文件即可，如图 3.27、图 3.28 所示。

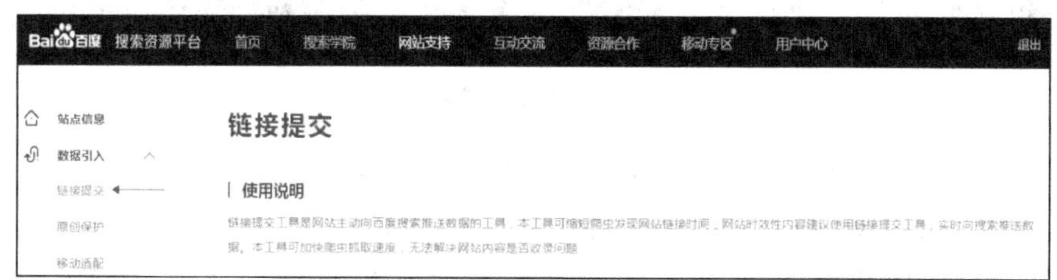

图 3.27 链接提交

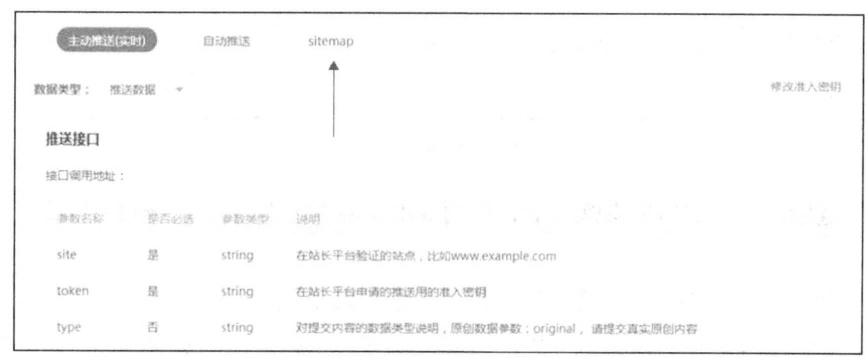

图 3.28 sitemap 提交入口

robots 文件提示搜索引擎网站地图的位置，大多数搜索引擎都支持 robots 文件的应用。

网站地图并不能无限制添加 URL，XML 格式的网站地图最多可以列出 5 万条 URL，而文件大小不得超过 10MB。如果网站需要被抓取的 URL 超过 5 万条，可以制作多个 sitemap 文件。

网站地图并不是万能的，它只是网站 SEO 人员的辅助工具，要想让 URL 大量被收录，还是要靠优化网站内容及网站结构。网站地图主要适用于大中型网站。

3.2.3 nofollow 标签

nofollow 标签的意义是告诉搜索引擎不要给该页面链接分配权重，对于资讯量比较大的网站，nofollow 标签的作用很明显，以千锋教育官方网站为例，示例如下。

```
<a href=http://www.qfedu.com/jingjia/html5-video.html"rel="nofollow">html5 视频教程</a>
```

上述代码告诉搜索引擎不要分配权重给 http://www.qfedu.com/jingjia/html5-video.html 这个页面。

1. nofollow 标签和 robots 文件的区别

（1）nofollow 标签针对的是网站页面权重的分配，robots 文件针对的是网站页面是否被收录。

（2）nofollow 标签主要是针对某个链接，robots 文件针对的是整个网站。

（3）nofollow 标签放在具体页面代码中，robots 文件放在网站根目录下。

2. nofollow 标签应用

（1）网站底部链接。在网站底部经常会出现“联系我们”“招贤纳士”“企业合作”等链接，如图 3.29 所示。

关于千锋 | 联系我们 | 企业合作 | 招贤纳士 | 报名咨询 | 技术论坛
Copyright 2011-2019 北京千锋互联科技有限公司 京ICP备12003911号-3 京公网安备11010802011455号

图 3.29　网站底部链接

这些链接虽然对用户有帮助，但从 SEO 的角度来说，不希望这些页面分散网站权重，所以底部的链接大多添加了 nofollow 标签，避免引擎蜘蛛的爬行、抓取。

（2）推荐阅读其他页面的链接。网站页面需要引导用户多阅读站内文章，如图 3.30 所示。

图 3.30　推荐阅读

但这样的链接同样会被引擎蜘蛛抓取，使用 nofollow 标签定义这些链接可以很好地解决这一问题。

（3）收录页面添加 nofollow 标签。这个应用主要针对资讯量大的网站，引擎蜘蛛的抓取量对每个网站是有固定限额的，所以为了让更多页面被抓取，可以给已经被收录的链接添加 nofollow 标签。

3. nofollow 标签使用方法

nofollow 标签的使用方法主要有两种。

（1）写在网页的 meta 标签上，意义是告诉搜索引擎不要抓取网页所有的内外链，这也是屏蔽网站垃圾链接的有效方法，具体写法如下。

```
<meta name="robots"content="nofollow"/>
```

（2）将 nofollow 标签放在特定的超链接中，告诉搜索引擎不要抓取该链接，具体写法如下。

```
<a rel="nofollow" href="http://www.blmcy.com/fuwu/">金牌服务</a>
```

4. nofollow 标签注意事项

（1）nofollow 标签代表当前页面不被分配权重，并不代表页面不被收录。

（2）应为频繁被抓取的页面添加 nofollow 标签。

3.2.4　404 错误页面

404 错误页面的出现意味着链接所指向的页面不存在或者链接已失效，如果 SEO 人员没有对 404 错误页面进行优化，用户将看到传统的错误页面，如图 3.31 所示。

这种传统的错误页面会带来不好的用户体验，让精准客户白白流失。优化 404 错误页面是每个 SEO 人员都应该会的，现在很多服务器自带定制 404 错误页面功能，帮助 SEO 人员轻松解决难题。

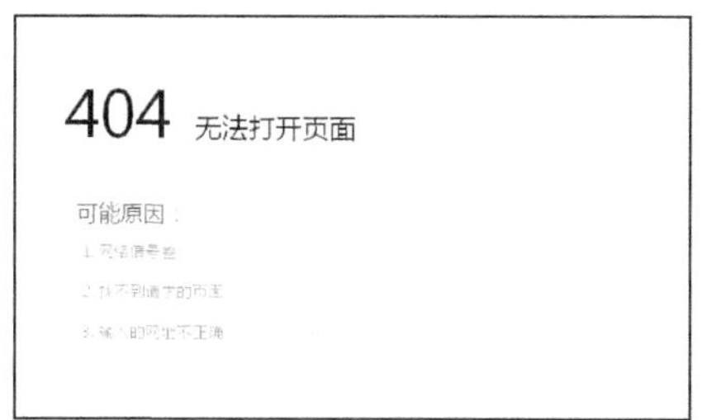

图 3.31　传统的 404 错误页面

1. 404 错误页面对 SEO 的影响

在网站出现死链或网页不存在的情况下，404 错误页面会通知引擎蜘蛛该链接是死链，不要收录。

倘若网站无效链接过多，并且没有设置 404 错误页面，搜索引擎就会抓取大量死链，从而判定网站是垃圾站，继而对网站进行降权或封站处理。

合理优化 404 错误页面可以增加网站 PV，例如，404 错误页面中可以设置“返回上一级”“返回首页”等引导性链接，带领访问者打开正确有效的页面，如图 3.32 所示。

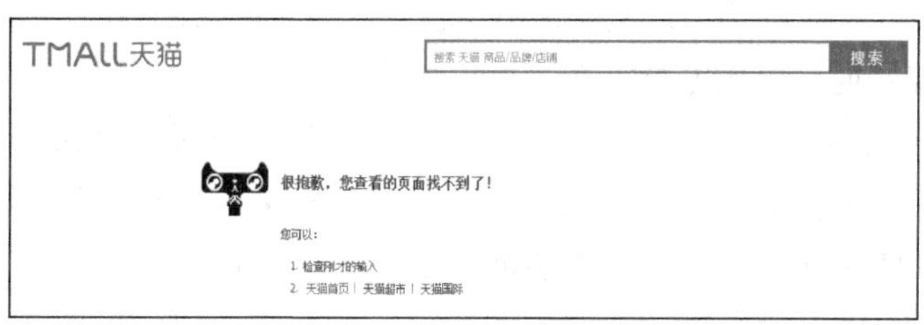

图 3.32　优化后的 404 错误页面

2. 404 错误页面设置

（1）登录虚拟主机后台，输入网站用户名和密码。

（2）找到设置网站的主机，在设置页面正确填写 404 错误页面所在地址，如图 3.33 所示。

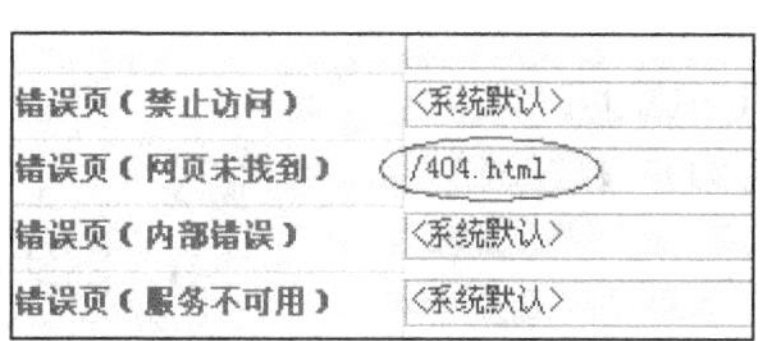

图 3.33　404 错误页面设置

（3）注意：404 错误页面不要自动跳转至首页，要引导用户点击，直接跳转容易被封站。

3. 404 错误页面查看

单击 404 错误页面链接，如果展示的是优化后的 404 错误页面，说明设置成功，反之未成功。

3.3　本章小结

通过本章的学习，读者对 SEO 技术名词有了一定的了解，掌握了每个名词的基本概念并学会了简单运用 SEO 技术。本章是 SEO 工作的基础，希望读者熟记每个名词代表的意义，并能够灵活运用，为后面的实战项目打下基础。

3.4 习题

1. 填空题

（1）通常情况下，URL 组成部分包括________、________、________、________。

（2）nofollow 标签应用在________链接、________链接。

（3）告知搜索引擎网站框架的是________文件。

（4）robots 文件存放的位置是________。

（5）将网站页面权重集中到同一个链接，这是________技术。

2. 选择题

（1）以下说法中错误的是（ ）。

A. 访问网站的 IP 数等于网站的 UV 值
B. 网站每日 PV 值与每日访问的 IP 无关
C. 文章进行分页处理可以提升网站 PV 值
D. 使用站长工具可以查看网站 PV 值

（2）在选择友情链接时，应优先选择（ ）的网站。

A. PR 值高、相关性低
B. PR 值低、每日有更新
C. PR 值低、相关性高
D. PR 值高、相关性高

（3）以下提高 PR 值的方式中，（ ）会被谷歌判定为作弊。

A. 与很多网站做友情链接
B. 加入网站目录站和导航站
C. 向高权重的网站购买链接
D. 发布带有外链的文章

（4）关于 URL 下面说法正确的是（ ）。

A. URL 不区分大小写
B. URL 应尽量长一点，让用户充分了解其意义
C. URL 最好采用静态
D. 静态 URL 不能做 301 重定向

（5）建议使用 robots 文件的情况是（ ）。

A. 网站面临改版
B. 网站死链过多
C. 告知引擎蜘蛛 sitemap 的位置
D. 以上都是

3. 思考题

（1）网站跳出率高是哪些因素引起的？

（2）网站改版如何正确使用 robots 文件？

04 第 4 章　SEO 准备工作

本章学习目标

- 学习研究竞争对手的方法
- 掌握快速诊断网站现状的技巧
- 熟悉查看网站数据的渠道

研究竞争对手是 SEO 人员的日常工作，本章从分析竞品网站出发，先讲解如何了解竞争对手的网站布局和网站数据，然后介绍诊断网站 SEO 现状的方法，带领读者熟悉 SEO 的准备工作。

研究竞争对手（上）

研究竞争对手（下）

4.1　研究竞争对手

确定同行业的竞争对手很简单，在搜索引擎中搜索企业目标关键词，排在前十位的就是 SEO 人员要分析的竞争对手。通常情况下需要从网站域名、网站权重、百度快照、收录情况等方面分析，了解对方网站的竞争力，做到知己知彼。

4.1.1　网站基础数据

利用站长工具，我们可以得到网站的基础数据，包括网站域名创建时间、网站备案、网站权重、收录量等信息，如图 4.1 所示。

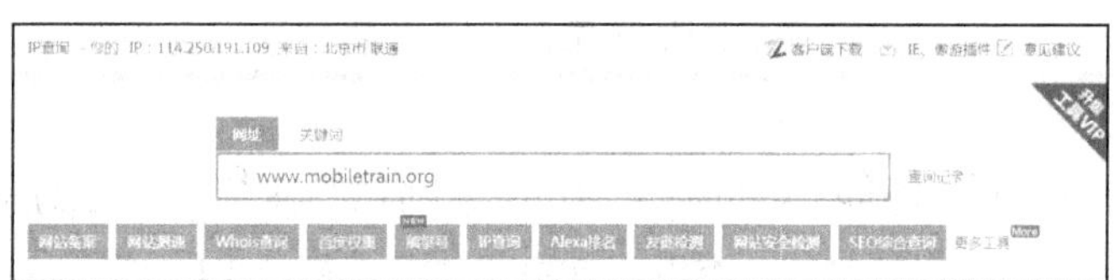

图 4.1　站长工具平台

1. 网站域名创建时间

网站域名创建时间指网站最初注册的时间，查看该时间可以了解竞争对手网站运营时间的长短，老域名比新域名更受搜索引擎喜欢。以千锋教育为例，通过站长工具 whois 查询（域名查询），如图 4.2 所示。

图 4.2 域名查询

通过图 4.2 可以看出，千锋教育官方网站创建日期为 2010 年 6 月 29 日，距今已有 9 年时间。域名越老权重越高，如果企业拥有域名创建 10 年以上的网站，这对于 SEO 来说是很大的优势。

说到域名查询就不得不提到网站备案，通过网站是否备案可以看出竞争对手对该网站是否用心，是否打算长期运营。查看网站备案如图 4.3 所示。

图 4.3 查看网站备案

2. 网站权重

网站权重（PR 值）可以直观说明网站质量，如果权重在 4 级以上，说明这是一个受引擎蜘蛛喜欢的网站，质量不错。通过查看竞品网站权重值，可以清楚认识到与对方之间的差异。

3. 百度快照

百度快照可以反映出网站的更新时间，如果快照时间差距较大，说明搜索引擎对该网站抓取量较小，这种网站是比较容易超越的。查看百度快照的方式参见 3.1.6 节。SEO 人员可根据快照时间远近来确定竞品网站活跃度。

4. 收录量

网站收录量会直接影响网站排名，网站收录量在一定程度上反映出网站内容是否符合用户需求。查看网站收录量的方法是搜索“site:网站 URL”，如图 4.4 所示，可以看出千锋教育官方网站的收录量是 152742 个网页，说明网站内容多，质量佳。

图 4.4　查看收录量

5. 关键词

这是研究竞品网站的重点，SEO 人员应了解对手网站哪些关键词排名靠前，哪些关键词没有排名，并据此总结出适合自己网站的关键词。查看竞品网站关键词库是获取这项信息的一种快捷方法，通过站长工具即可查看，如图 4.5 所示。

关键字	整体指数	PC指数	移动指数	百度排名	收录量	网页标题
大数据培训	999	85	914	第1	16200000	千锋大数据学院-大数据培训|大数据开
千锋教育	480	169	311	第1	93300	千锋教育-坚持教育初心,坚持面授品
千锋	357	222	135	第1	56600	千锋教育-坚持教育初心,坚持面授品
千峰教育	172	56	116	第1	4640000	千锋教育-坚持教育初心,坚持面授品
成都培训	169	101	68	第1	19700000	千锋教育成都校区-成都
深圳java培训	169	115	54	第1	63400	千锋教育深圳校区-深圳java培训_java
重庆java培训	146	101	45	第1	480000	千锋教育重庆校区 - 重庆java培

图 4.5　关键词库

4.1.2　网站内部结构

1. TDK 标签

TDK 标签可以直观地告诉用户和搜索引擎该页面的主体内容，通过研究竞品网站的 TDK 标签，可了解对方的目标关键词和长尾关键词布局。

首页 TDK 标签多是网站目标关键词，栏目页和内容页 TDK 标签多是长尾关键词。查看 TDK 标签的方法很简单，在网站页面单击右键，然后单击“查看网页源代码”即可看到该页面的 TDK 标签，如图 4.6 所示。

```
<!DOCTYPE html>
<html>
<head lang="en">
    <meta charset="UTF-8">
    <title>千锋教育-坚持教育初心，坚持面授品质，IT培训良心品牌</title>
    <meta name="keywords" content="Java培训,JavaEE培训,HTML5培训,PHP培训,Python培训,人工智能培训,UI培训,Linux培训,大数据培训,云计算培训,unity游戏开发培训,软件测试培训,WEB前端培训,嵌入式物联网培训,IT培训,千锋,千锋教育" />
    <meta name="description" content="千锋教育_中国IT职业教育良心品牌,专注Java培训,JavaEE培训,PHP培训,HTML5+WEB前端培训,Python+人工智能培训,Linux云计算培训,全链路UI培训,大数据培训,unity游戏开发,软件测试,嵌入式物联网培训,并提供Java培训视频,PHP培训视频,Linux培训视频,HTML5培训视频,软件测试培训视频,嵌入式物联网培训视频等12大学科培训视频,千锋教育长期坚持用“良心做教育”,提供一流IT培训服务." />
```

图 4.6　TDK 标签

2. 网站结构

通过网站 URL 可以看出页面的隶属关系，例如，千锋教育的某篇文章 http://www. mobiletrain.org/about/info/47803.html，该文章存放在 info 栏目下，层次分明，清晰明了。

研究网站结构时除了查看 URL 层级，还要观察整体结构，具体留意以下几点：

（1）导航栏标题与栏目页之间是否具有内容相关性；

（2）网站栏目分布是否清晰合理；

（3）从每个栏目页或内容页是否都能回到首页；

（4）URL 是否为静态链接；

（5）页面中是否有相关推荐板块；

（6）文章与相关栏目页是否关联；

（7）网站中 alt 标签是否加入关键词；

（8）友情链接是否与企业产品相关，对方权重是否高。

简单查看这几点要素，就能看出该网站是否进行过 SEO。

3. 网站内容

内容是网站的核心，仔细研究竞争对手的每个细节，会学到不少优化技巧。研究网站内容应注意以下几点：

（1）文章是否与所处栏目页主题吻合；

（2）文章原创度是否在 65%以上；

（3）文章标题与文章内容相关性是否强，文章标题是否有关键词；

（4）首段关键词是否作为锚文本指向相关内容页或栏目页；

（5）文章是否图文并茂，能吸引用户阅读。

4.1.3 站外推广

站外推广对网站品牌度和外链数量都有很大的提升作用，SEO 人员可以通过搜索关键词或者竞品企业名称，查看竞争对手的第三方推广平台，如论坛、博客、B2B 平台等，如图 4.7 所示。

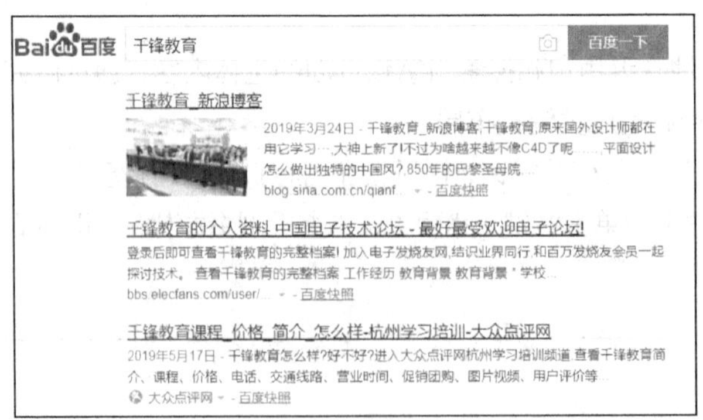

图 4.7 第三方推广平台

了解竞争对手的第三方推广平台后，还需要研究其外链质量和数量，包括以下几点：

（1）锚文本是否与链接指向页面相关；

（2）一篇文章锚文本链接数量是否在 3 个以内；

（3）外链种类是否多样化，如博客、论坛等；

（4）以关键词作为锚文本是指向首页还是栏目页。

在研究竞品网站的外链时，SEO 人员可以根据每个平台特点的不同，整理出收录好、流量高、产品相关性强的平台，对手可以做的外链平台，自己一样可以做，高质量外链对网站权重和排名的提升有很大的帮助。

在研究竞争对手时，要清楚对方的经济实力和背景，在双方实力基本持平的情况下，SEO 人员可以通过优化 meta 标签、图片 alt 标签、内链结构、文章内容等，增加赶超竞争对手的筹码。

诊断网站 SEO 现状（上）

诊断网站 SEO 现状（下）

4.2　诊断网站 SEO 现状

作为专业的 SEO 人员，掌握快速诊断网站 SEO 现状的方法是非常必要的，按照系统方法对网站进行全面分析，能够提高诊断效率，研究竞争对手网站的数据，同样是诊断网站 SEO 效果的途径。

4.2.1　用户体验诊断

做好网站用户体验可以引进流量、留住顾客、达成交易，还能保持网站与搜索引擎的友好状态。用户体验优化是留住用户非常重要的方式，所以 SEO 人员诊断网站现状的第一步，是站在用户的角度体验网站。

1. **网站加载速度**

检查网站打开耗时是否控制在 3 秒以内，3 秒之内打开更受用户欢迎。

2. **网站主题是否突出**

观察网站主营服务或主营产品是否在首页展示。用户希望进入网站后可以迅速了解产品种类和优势，这将吸引用户查阅并再次点击。

3. **网站死链是否过多**

单击网站链接查看是否都是有效链接，网站如果死链过多，会被用户和搜索引擎认为是垃圾站点，不符合用户需求。

SEO 人员可以通过站长工具进行网站死链检测，并及时做出整改，如图 4.8 所示。

图 4.8　死链检测

通过图 4.8 可以看出千锋教育官方网站死链数为零，说明该网站符合用户需求。

4. 从内页是否可以直接回到首页

观察网站面包屑导航中是否有回首页的锚文本链接，如果从内页不能直接回到首页或栏目页，用户可能会直接关闭页面。正确的面包屑导航如图 4.9 所示。

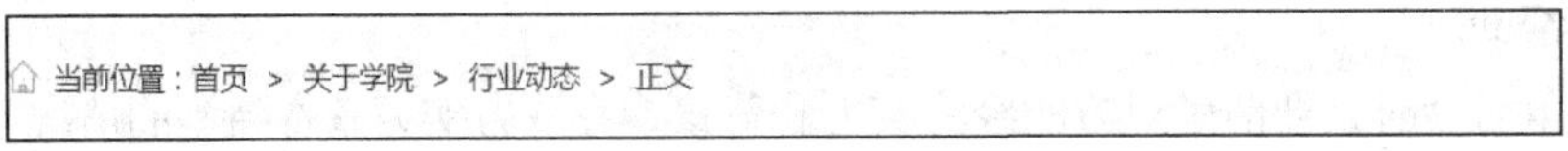

当前位置：首页 > 关于学院 > 行业动态 > 正文

图 4.9 面包屑导航

4.2.2 网站数据诊断

1. 网站收录状况

（1）收录率

当 SEO 人员接手新网站时，检查网站整体收录率是诊断网站现状的第一步。收录率是搜索引擎收录页面数量与网站总页面数之比，如果网站收录率在 30%左右，说明网站内部存在很大的问题，收录率要达到 60%以上才属于合格。

前面提到了查询网站收录量的方法：site 指令。我们还可以使用站长工具查看，如图 4.10 所示。

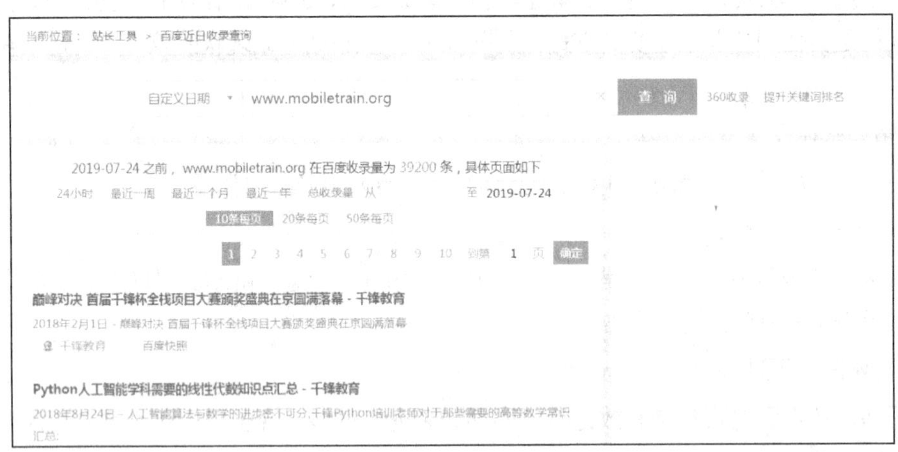

图 4.10 使用站长工具查看收录量

在站长工具中可以选择查看总收录量、最近 1 年收录量、最近 1 个月收录量以及 24 小时收录量等，SEO 人员可以根据实际情况来选择查询时段，其中最近 1 个月和最近 1 年的数据更具有参考价值。有了收录量，就能计算出收录率。

页面收录率是网站流量的关键，只有被收录的页面才会有排名，所以 SEO 人员要对网站的收录率持续观察，并针对收录情况制定相应的解决措施。页面收录率与关键词选择有很大的关系，选择搜索量大且优化难度较低的关键词能够大大提升页面被收录概率。

（2）百度快照

查看收录页面的百度快照可以了解网站的更新时间和更新速度。单击收录页面的“百度快照”

按钮即可查看日期，例如，搜索日期是 2019 年 7 月 24 日，百度快照显示快照日期如图 4.11 所示。

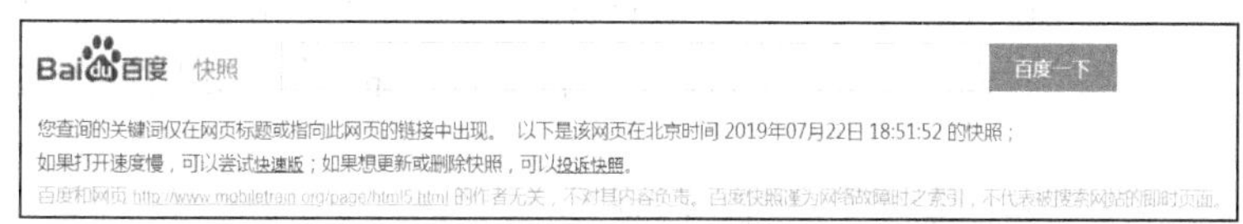

图 4.11 快照日期

通过图 4.11 可以看出，该页面更新时间为 2019 年 7 月 22 日，与搜索日期相距不远，说明该网站活跃度高。

2. 关键词分析

（1）关键词排名

SEO 人员根据企业主营产品和服务，站在用户的角度整理出关键词。以千锋教育为例，千锋教育做 IT 培训服务，主要面向高校学生和准备转行的上班族，对于他们来说就业是最大的问题，所以千锋教育的优化关键词应该包括“Java 就业”。

在百度搜索框中输入“Java 就业”这一关键词，查看网站是否有排名，如图 4.12 所示。

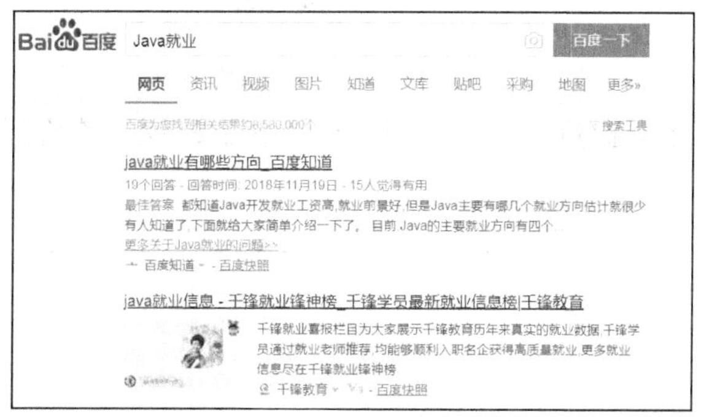

图 4.12 网站排名

通过搜索关键词得出千锋教育位于百度搜索结果首页第二位，这说明网站 SEO 情况尚好；如果搜索关键词时，网站在搜索结果 10 页之内都没有出现，那说明该网站的 SEO 效果不容乐观。

除了上述查看关键词排名的方法，SEO 人员还可以通过爱站网获得网站关键词排名，如图 4.13 所示。

关键字	排名	(PC)搜索量	收录量	网页标题
千锋	第1页 第1位	198	56,400	千锋教育-坚持教育初心,坚持面授品质,IT培训良心品牌
千锋教育	第1页 第1位	168	38,300	千锋教育-坚持教育初心,坚持面授品质,IT培训良心品牌
python 培训	第1页 第1位	117	8,110,000	千锋Python学院-Python培训Python开发培训Python培训...-...
ios培训	第1页 第1位	104	147,000	千锋教育-坚持教育初心,坚持面授品质,IT培训良心品牌
大数据培训	第1页 第1位	87	261,000	千锋大数据学院-大数据培训大数据开发培训大数据培训...-千锋...
ios培训班	第1页 第1位	76	4,160,000	千锋教育-坚持教育初心,坚持面授品质,IT培训良心品牌
大数据培训机构	第1页 第1位	76	143,000	千锋大数据学院-大数据培训大数据开发培训大数据培训机构
千峰教育	第1页 第1位	63	38,300	千锋教育-坚持教育初心,坚持面授品质,IT培训良心品牌
web前端培训	第1页 第1位	62	40,700	权威的HTML5培训课程WEB前端培训H5培训-千锋教育
大数据 培训	第1页 第1位	56	277,000	千锋大数据学院-大数据培训大数据开发培训大数据培训...-千锋...
北京ios开发培训	第1页 第1位	51	11,200,000	千锋教育-坚持教育初心,坚持面授品质,IT培训良心品牌

图 4.13 关键词排名

（2）关键词密度

查看网站目标关键词在首页的密度是否为 2%～8%，如果低于 2%，搜索引擎很难抓取到关键词，这可能造成关键词无排名的后果；如果密度过高，可能会被搜索引擎判定为堆砌关键词，造成 K 站或降权。

通过站长工具可查看关键词密度，如图 4.14 所示。

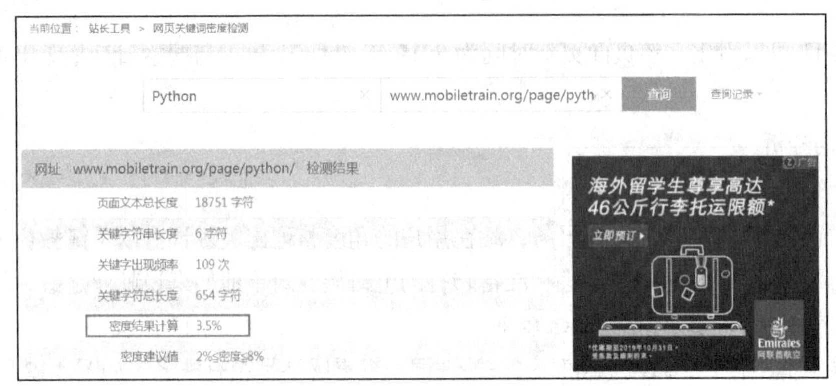

图 4.14 关键词密度

3. **网站流量诊断**

完成以上的分析后，可以通过百度统计工具进行网站流量诊断，查看网站 PV 值、IP 数和跳出率等信息，如图 4.15 所示。

网站概况

今日流量

	浏览量(PV)	访客数(UV)	IP数	跳出率
今日	**17,115**	**2,955**	**3,048**	**37.88%**
昨日	36,336	5,363	5,763	37.77%
预计今日	32,409 ↓	4,809 ↓	5,169 ↓	--
昨日此时	18,569	3,206	3,300	37.66%
每日平均	80,545	10,589	11,623	34.21%
历史峰值	157,637	17,626	19,580	44.99%

图 4.15 百度统计工具诊断数据

查看后发现，该网站浏览量是 17115 次，浏览量大，说明网站整体布局很受用户和搜索引擎喜欢，跳出率是 37.88%，数值较低，说明用户黏度高，网站内容充实。

4.2.3 网站关键词布局

1. TDK 标签

说到关键词布局，诊断 TDK 标签是必不可少的步骤。首先看 title 标签是否过长，汉字应控制在 32 字以内；然后看 description 标签是否涵盖了网站目标关键词，语句是否大量重复；最后看

keywords 标签中是否有重复出现某关键词、堆砌关键词等违规现象，如果有，说明该网站没有做好 SEO 工作。

正确的 TDK 标签应包括企业名称、企业产品、企业亮点，title 标签、description 标签、keywords 标签都应包含网站关键词，示例如下。

```
<title>权威的 HTML5 培训课程|Web 前端培训|H5 培训-千锋教育</title>
<meta name="keywords" conetent="HTML5 培训,h5 培训,HTML5 课程,前端开发培训, 移动前端培训 ">
<meta name="description" content="千锋教育 Web 前端培训课程，融合了 HTML5 培训课程、CSS3 基础课程和移动前端交互 JavaScript+jQuery+Ajax 课程。千锋教育 H5 培训拥有完善的移动前端开发，提供专业的移动前端培训课程。">
```

2. alt 标签

alt 标签不仅可以提升关键词密度，还可以引导引擎蜘蛛抓取图片，alt 标签会告诉引擎蜘蛛该图片代表的意思。应检查网站图片是否都添加了 alt 标签，而且标签中最好有网站关键词。

3. 其他位置

网站主导航、次导航、面包屑导航以及文章标题都应包含目标关键词或长尾词，如果在这些位置均没有出现关键词，那说明该网站的 SEO 工作不够仔细，效果不佳。

4.2.4　网站代码诊断

1. robots 文件检查

如果网站的页面没有被收录或某一栏目下的页面没有被收录，多半是因为 robots 文件编写错误。查看 robots 文件的方法如图 4.16 所示。

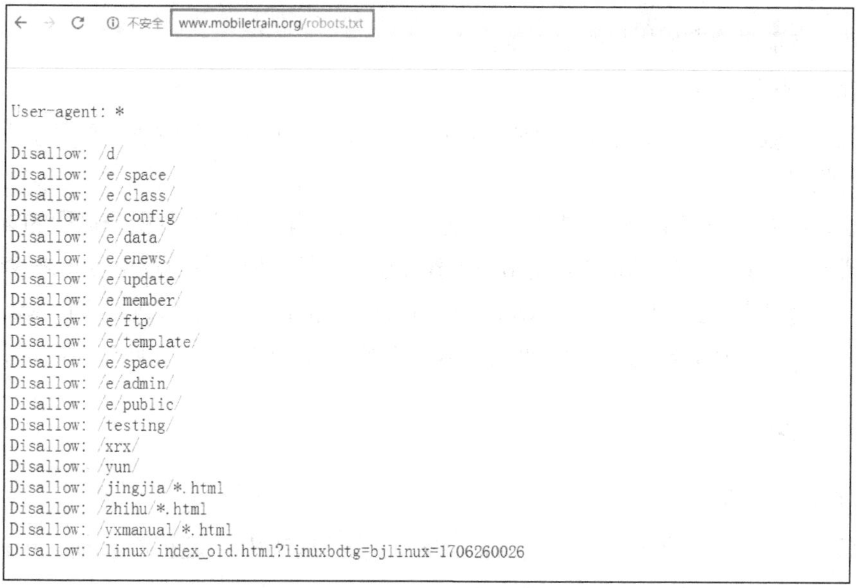

```
← → C ⓘ 不安全 www.mobiletrain.org/robots.txt

User-agent: *

Disallow: /d/
Disallow: /e/space/
Disallow: /e/class/
Disallow: /e/config/
Disallow: /e/data/
Disallow: /e/enews/
Disallow: /e/update/
Disallow: /e/member/
Disallow: /e/ftp/
Disallow: /e/template/
Disallow: /e/space/
Disallow: /e/admin/
Disallow: /e/public/
Disallow: /testing/
Disallow: /xrx/
Disallow: /yun/
Disallow: /jingjia/*.html
Disallow: /zhihu/*.html
Disallow: /yxmanual/*.html
Disallow: /linux/index_old.html?linuxbdtg=bjlinux=1706260026
```

图 4.16　查看 robots 文件

在网站 URL 末尾添加 robots.txt 即可查看 robots 文件，以千锋教育为例，查看方法是在地址栏输入：http://www.mobiletrain.org/robots.txt。

通过站长工具也可以查看 robots 文件，而且每行代码后都有相应的注释，查找错误更快捷，如图 4.17 所示。

robots 文件中任何字母或符号写错都会对网站造成很严重的影响，通过站长工具进行检测可以让我们清楚知道每一行代码的含义，有利于快速查找 robots 文件中的错误。

百度真假蜘蛛　中文域名在线转码　Robots检测　新广告法禁用词检测

www.mobiletrain.org　查询　查询记录

序号	规则	解释
1	User-agent: *	开始配置：所有搜索引擎
2	Disallow: /d/	禁止所有搜索引擎访问/d目录
3	Disallow: /e/space/	禁止所有搜索引擎访问/e/space目录
4	Disallow: /e/class/	禁止所有搜索引擎访问/e/class目录
5	Disallow: /e/config/	禁止所有搜索引擎访问/e/config目录
6	Disallow: /e/data/	禁止所有搜索引擎访问/e/data目录
7	Disallow: /e/enews/	禁止所有搜索引擎访问/e/enews目录
8	Disallow: /e/update/	禁止所有搜索引擎访问/e/update目录

图 4.17　通过站长工具查看 robots 文件

2. 404 错误页面检查

设置 404 错误页面不仅可以提升用户体验，还符合 SEO 要求。应查看网站设置的 404 错误页面是否会直接跳转至首页，直接跳转会带给用户不好的体验，通常 404 错误页面应有指示按钮或在一定时间内跳转至导航页，方便用户继续浏览。

3. 网站地图检查

如果网站页面收录率过低，很有可能是因为网站地图链接缺失，导致很多页面引擎蜘蛛无法抓取，从而没有收录。

简单来说，网站地图就是在一个页面中放置了网站上所有需要被搜索引擎抓取的链接，它是网站的重要组成部分，其存在的意义是方便用户查找和引擎蜘蛛抓取，使页面更容易被收录。

网站地图分为两种格式：HTML 和 XML。其中 HTML 格式方便用户查看，而 XML 格式能引导引擎蜘蛛抓取，通常放在 robot 文件中。两种格式针对的对象不同，所以在网站中应都有设置。

4.2.5 文章内容页诊断

1. 内容页排版是否美观

页面排版直接影响用户体验，应检查内容页文章是否与该栏目主题相符，内容页中是否有相关推荐板块，以起点中文网为例，如图 4.18 所示。

通过图 4.18 可以看出，该内容页列出的均是与修仙主题相关的小说，“本周强推”“编辑力荐”“频道动态”三大板块都可以刺激用户点击，提高用户黏度。

图 4.18 内容页排版

2. **文章是否原创**

文章采集过多对网站质量有很严重的影响，所以 SEO 人员在诊断网站现状时，应检查网站文章原创度，通常文章原创度在 65%以上为合格，文章原创度低也会影响网站整体收录率。

3. **文章主题是否明确**

应检查文章主题与企业主营产品是否相关，无关的文章不仅对网站 SEO 没有任何帮助，还会损害 SEO 效果。

4. **文章中是否有推荐指引**

在文章中加入"上一篇""下一篇"或"文章推荐"等链接，有利于吸引用户再次点击，如图 4.19 所示。

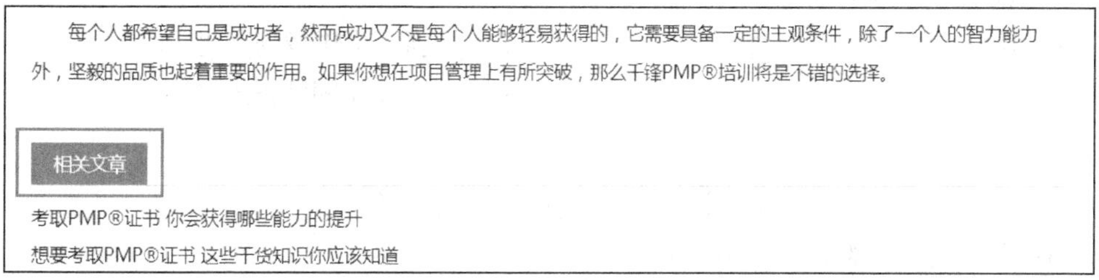

每个人都希望自己是成功者，然而成功又不是每个人能够轻易获得的，它需要具备一定的主观条件，除了一个人的智力能力外，坚毅的品质也起着重要的作用。如果你想在项目管理上有所突破，那么千锋PMP®培训将是不错的选择。

相关文章

考取PMP®证书 你会获得哪些能力的提升

想要考取PMP®证书 这些干货知识你应该知道

图 4.19 相关文章推荐

4.3 本章小结

研究竞争对手数据和诊断网站 SEO 状态是每个 SEO 人员都要经历的事情，而两者研究的对象大同小异，都是网站数据、网站结构、关键词等。本章对二者进行了详细讲解，让读者为下一步的 SEO 工作做好准备。

4.4 习题

1. **填空题**

（1）查看网站收录量的方法是________。

（2）网站 0 收录多半是因为________。

（3）研究竞争对手主要通过________、________、________。

（4）title 标签中应出现网站________。

（5）在诊断网站 SEO 状态时，________最重要。

2. 选择题

（1）提高关键词排名，不可取的方法是（　　）。

A. 重复关键词以提高密度　　B. 在 TDK 标签中加入关键词

C. 在 alt 标签中加入关键词　　D. 在文章标题中加入关键词

（2）关于诊断网站现状，下列说法中不正确的是（　　）。

A. 应检查 robots 文件是否正确　　B. 应检查文章原创度

C. 只需要查看网站流量值即可　　D. 应了解网站关键词排名情况

（3）（　　）会让搜索引擎处于不友好状态。

A. 页面内容不符合用户需求

B. 页面过度追求关键词排名，忽略了用户体验

C. 网站采集内容过多

D. 将 sitemap 放入 robots 文件

（4）（　　）会造成网站收录率低。

A. 网站文章原创度高　　B. robots.txt 编写有误

C. TDK 标签有重复内容　　D. 文章标题与内容不符

（5）研究竞争对手的作用是（　　）。

A. 为自身网站优化树立标准　　B. 让新人更快找到优化思路

C. 知己知彼　　D. 学习竞品网站布局技巧

3. 思考题

（1）网站内容更新后，百度搜索引擎快照时间还没更新怎么办？

（2）如果竞品网站都做了 SEO 怎么办？

第 5 章　网站内部布局及优化

本章学习目标

- 了解站内优化板块
- 掌握站内优化方法
- 学习专题页优化技巧

站内优化是针对网站内部进行优化，包括栏目页优化、产品页优化、文章页优化、标签页优化等。本章以不同类型的网站为例展开讲解，带领读者学习网站内部优化方法，为后面的的实战项目做准备。

栏目页优化

5.1　栏目页优化

栏目页又称为列表页或分类页，是网站内页的代表页面，栏目页优化合理可以带动网站首页和文章页的收录，优化内容主要包括 URL 优化、关键词优化以及页面优化三大部分，本节以腕表之家网站为例分别进行讲解。

5.1.1　URL 优化

第 3 章提到过，最好的 URL 形式是协议+网站域名+文件名+页面 ID，例如，http://www.xbiao.com/aibi/18345/，通过 URL 可以看出该页面存在于爱彼品牌栏目下。以下是 URL 优化的具体方法。

（1）URL 要合理，不宜过长，要让用户容易记住。

（2）在 URL 中插入页面关键词或栏目名称，让用户能通过 URL 知道页面所在位置。

（3）在 URL 中使用英文名称或拼音有利于优化排名。

（4）URL 最好采用目录层级形式。

（5）URL 全部使用小写字母，参数尽量少。

5.1.2　关键词优化

精准选取栏目页关键词，使每个词均与栏目主题相关，以腕表之家网站中的宝珀品牌栏目为例，该栏目页关键词设置如图 5.1 所示。

```
<meta name="renderer" content="webkit">
<meta http-equiv="Content-Type" content="text/html; charset=utf-8" />
<meta http-equiv="X-UA-Compatible" content="IE=Edge,chrome=1" />
<title>【宝珀手表官网价格】Blancpain宝珀手表怎么样_型号价格查询 腕表之家</title>
<meta name="keywords" content="Blancpain,宝珀,宝珀表,宝珀手表价格,宝珀官网, 宝珀手表" />
<meta name="description" content="腕表之家Blancpain频道提供宝珀表价格,最全的宝珀手表(427款),包括宝珀6263,宝珀6223,宝珀水肺,宝珀villeret,宝珀1735,宝珀情侣表,宝珀机械表价格及图片." />
```

图 5.1　关键词优化

通过图 5.1 可以看出栏目页 title 标签中采用了四个关键词：宝珀手表官网价格、Blancpain 宝珀手表怎么样、宝珀手表型号价格查询、腕表之家。每个关键词都体现出了页面主导产品“宝珀手表”，其中“型号价格查询”这一词语刺激用户点击，在一定程度上提高了页面转化率。

通过分析关键词可以发现，该栏目页选用的均是由“宝珀手表”延伸出的长尾关键词，而没有直接选用“宝珀手表”作为栏目页的目标关键词，这使竞争难度大大降低。长尾词相较于目标关键词更有利于提高栏目页排名，也更容易实现转化。

5.1.3　页面优化

在宝珀手表栏目页可以看出，每个产品名称都包含目标关键词即产品名或品牌名，如图 5.2 所示。

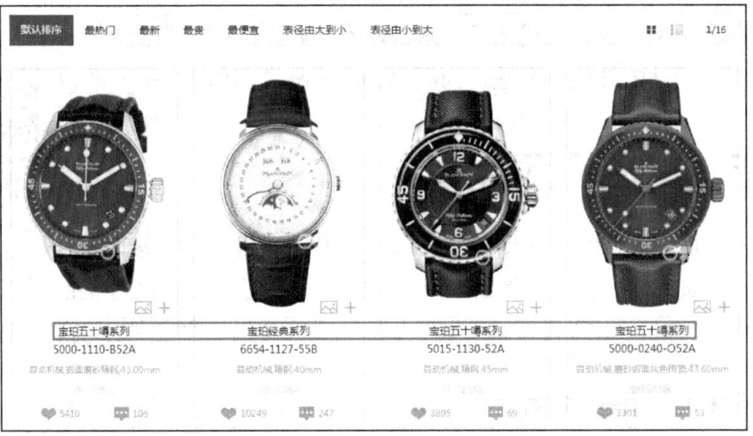

图 5.2　产品名称

图 5.3 所示的 alt 标签中添加了产品名和品牌名（宝珀），提升了页面的相关性，有利于优化关键词排名。

图 5.3　图片 alt 标签

在页面右侧添加相关内容推荐能够提升用户黏度、降低网站跳出率，同时提升内页的曝光度。相关内容推荐不仅可以让用户有很好的浏览体验，也能提高目标关键词“宝珀”的密度，让页面核心内容更明确，如图 5.4 所示。

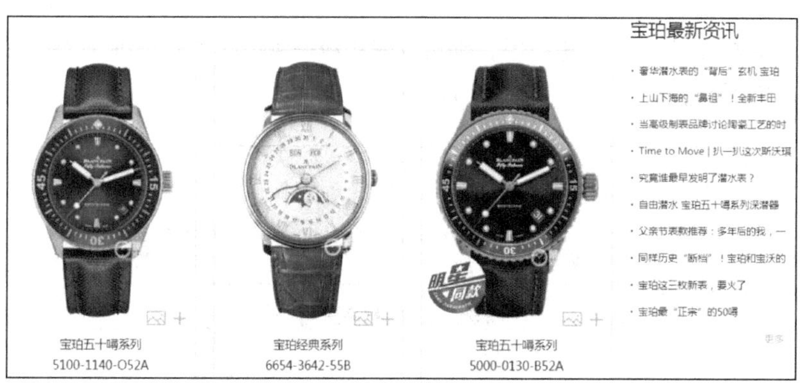

图 5.4　相关内容推荐

在其他页面中设置锚文本链接指向宝珀品牌栏目页也是一种页面优化方法，锚文本样式可以是图片或文字。从用户角度而言，锚文本指向相关页面可以让用户找到更多想查阅的内容，具有实用性；从搜索引擎角度而言，锚文本链接指向可以引导引擎蜘蛛进行有效页面抓取，锚文本设置越精准，页面收录率越高。锚文本链接如图 5.5 所示。

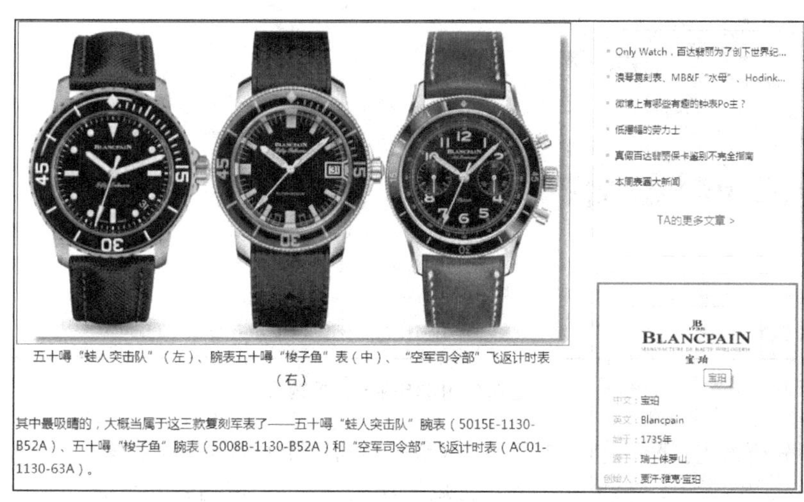

图 5.5　锚文本链接

单击图 5.5 中右侧的宝珀商标图片，即可进入宝珀品牌栏目页。

产品页优化

5.2　产品页优化

产品页优化主要针对企业站和电商站，页面中有产品标题、产品介绍及产品详情等内容。产品页优化和栏目页优化一样分为三个部分：URL 优化、关键词优化以及页面优化。

5.2.1 URL 优化

产品页设置 URL 可以遵循这种写法：网站域名+产品性质+产品 ID。层次清晰有利于后期 URL 管理。

如果网站产品数以万计，如阿里巴巴，则可以采用统一管理的形式设置 URL，不管网站产品栏目分类有多少，URL 不能超过三层，如图 5.6 所示。

第一层	第二层	第三层
https://fuzhuang.1688.com/	peijian/	1998214976.html

图 5.6　URL 最多三层

5.2.2 关键词优化

产品页的关键词优化一般是指产品标题优化：产品名称+搜索词+属性+延伸词。以京东产品为例，如图 5.7 所示。

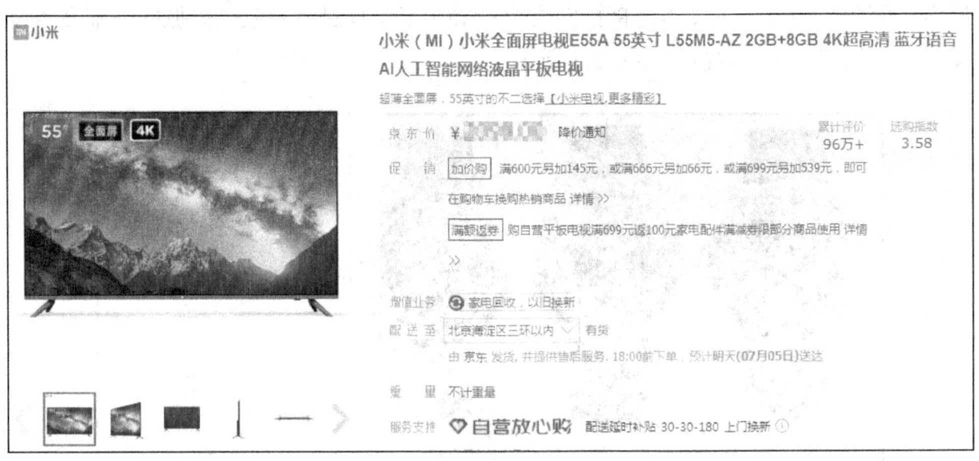

图 5.7　小米电视产品标题

通过图 5.7 分析得出：产品名称是小米，这是产品的目标关键词，简称核心词；搜索词是全面屏电视，即用户会搜索的词语；属性是指产品规格，55 英寸、型号、4K 超高清、蓝牙语音、AI 人工智能是小米电视的属性词；延伸词是用核心词扩展的词语，液晶平板电视、价格等均是延伸词，延伸词和核心词能够自动组成长尾关键词，如小米电视价格，小米液晶平板电视价格等。

5.2.3 页面优化

产品页的页面优化也就是详情页的优化。详情页介绍产品的优势，主要包括产品简介、产品属性、产品细节展示、好评、常见问题以及售后服务等。在编写详情页时要注意以下几点。

（1）应图文并茂。从优化的角度来说，因为搜索引擎对文字的抓取更快速，更精准，所以详情页不能全部是图片。

（2）围绕产品多维度展开描述，让用户对产品有正确的认识。

（3）要布局相关推荐栏，提升产品目标关键词密度和用户点击率，降低网站跳出率，如图 5.8 所示。

图 5.8　相关推荐

（4）要设置相关产品的锚文本链接以及指向所属栏目页的锚文本链接，方便用户查找信息或返回。

标签页优化

5.3　标签页优化

5.3.1　标签页定义

标签是由自己定义分类的、可以概括页面内容的关键词，运用标签可以让页面更容易被搜索引擎抓取，以 7k7k 小游戏为例，如图 5.9 所示。

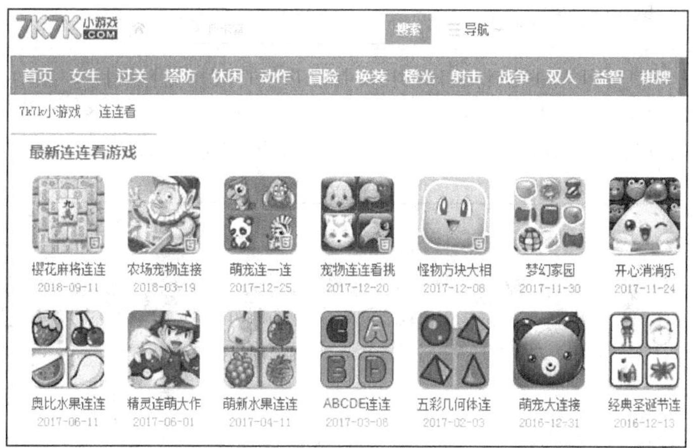

图 5.9　标签页

图 5.9 就是一个标签页。标签页可以定义为按关键词分类的内容聚合页。7k7k 的连连看标签页中有很多连连看小游戏，用户可自行选择自己喜欢的游戏，也可收藏。

5.3.2　标签页优势

标签页有以下几点优势。

（1）增加网站内链，有利于页面间权重的传递。

（2）提升用户体验，用户通过标签页可以查看到更多感兴趣的内容，网站 PV 随之增长。

（3）有利于提高关键词排名和页面被收录的概率。

5.3.3 标签页优化要素

1. 标签页 URL

标签页 URL 通常采用的形式是：网站域名+tag+标签 ID。例如，7k7k 小游戏的连连看页面 http://www.7k7k.com/tag/1/，tag 指标签页，1 代表连连看 ID，这个页面显示的都是连连看小游戏。

这种层次清晰的 URL 便于进行标签页优化，SEO 人员可以根据网站产品总量以及分类数量来选择最佳的 URL，方便后期的 URL 修改、整理。有些网站可以自定义页面链接地址，方便优化。

2. 关键词优化

（1）TDK 标签

以 7k7k 小游戏为例，SEO 人员先确定网站目标关键词，再用目标关键词延伸出页面长尾词，从而组成页面 TDK 标签。连连看标签页 TDK 标签，示例如下。

```
<title>连连看_连连看小游戏大全_连连看 3.1_连连看单机版下载 - 7k7k 小游戏</title>
<meta name="Description" content="7k7k 连连看设有爱情连连看,花花连连看,果蔬连连看,宠物连连看,水果连连看,汽车标志连连看小游戏等连连看游戏大全,还提供连连看下载和连连看3.1原版,希望您在7k7k连连看的世界里玩得开心!" />
 <meta name="Keywords" content="连连看,连连看小游戏大全,连连看 3.1 原版,连连看原版" />
```

其中“连连看”是目标关键词，“连连看小游戏大全”“连连看单机版下载”“花花连连看”等词语均是由目标关键词拓展的长尾词。

（2）页面关键词位置

为了提升关键词密度，标签页中应反复出现页面目标关键词，主要位置包括相关推荐栏、排行榜栏以及产品详情栏、产品标题等。以连连看标签页为例，如图 5.10 所示。

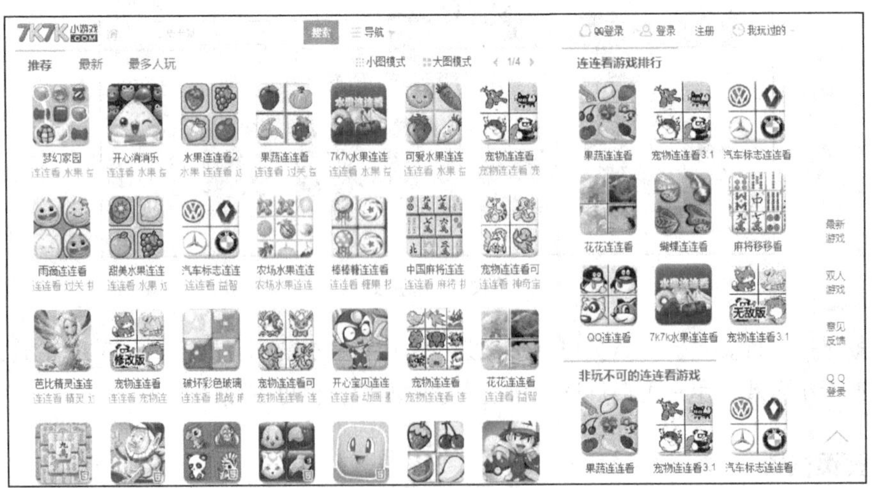

图 5.10　连连看标签页中反复出现页面目标关键词

5.3.4　标签页注意事项

（1）标签通常采用网站目标关键词，例如，7k7k 小游戏使用的标签为“连连看”“赛尔号”等，每个标签都是 4 ~ 6 字的短语形式。内页关键词则是由目标关键词延伸出的长尾词，采用这种方式可以降低目标关键词的优化难度。

（2）标签页适合产品量较大的网站，如果产品较少，页面标题重复率过高，会对网站产生负面影响。

（3）标签要尽量精准，不要选用太宽泛的词语，如“财经”“娱乐”“生活”等，可以选择人名、公司名等有搜索量并且很精准的词语。每个标签下至少应有 10 篇相关内容，否则不宜成立标签页。

专题页优化

5.4　专题页优化

专题页与栏目页不同，栏目页是同类文章的集合，每个栏目下都有很多与该栏目相关的文章。而专题页并不是简单地将同类文章罗列，而是将同一类型的栏目页聚集到一个页面中，多维度满足用户需求。以马蜂窝青岛专题页为例，该专题页中不仅有青岛旅游路线，还包括青岛精选酒店、青岛旅游攻略、青岛问答、旅行商城、青岛游记等内容，在页面中用户可以找到自己所需的信息，如图 5.11 所示。

图 5.11　专题页内容

5.4.1　专题页优势

专题页是根据用户需求将有共性的文章、图片、视频等内容集合在一起，信息量大。建立专题页有以下几点优势。

（1）为某一主题、节日、人物特别制作的页面聚合能吸引用户点击，降低网站跳出率。

（2）将用户需要的内容集中展示，方便浏览、查找。

（3）将相关内页集合在一起，体现网站全面性。

5.4.2 专题页优化方法

1. 关键词优化

（1）TDK 标签

专题页标题是由目标关键词延伸出的多个需求词组成的，例如，专题页的主题是泰国旅游，其 TDK 标签示例如下。

```
<title>2019 泰国旅游攻略,泰国自由行攻略,马蜂窝泰国出游攻略游记 - 马蜂窝</title>
<meta name="description" content="2019 泰国旅游攻略,介绍了泰国旅游景点、线路、美食、住宿、地图等泰国旅游攻略信息,了解泰国旅游等自由行攻略信息来马蜂窝旅游攻略网。" />
<meta name="keywords" content="2019 泰国旅游攻略,泰国自助游,泰国自由行" />
```

旅游攻略是马蜂窝网站的定位，可见，TDK 标签是围绕专题页主题和网站定位的各种词语组合。

（2）关键词选择

专题页要具有时效性，紧紧贴合当下时间或事件，以十一长假为例，专题页标题中需加入“十一旅游”“10 月旅游推荐”等需求词。专题页标题一定要引入搜索量较高、需求量较大的词语。

2. 页面优化

在马蜂窝网站可以发现，专题页更像是网站首页，由同主题、不同类型的内容聚合而成，所以在设置专题页时要遵循首页设计的原则，按照用户需求大小由上至下排列内容。除此之外，在专题页页面优化中还要注意内容的布局。

（1）高清图片

专题页的主题通常采用高清图片来表示，将多个图片叠加展示可以增加用户浏览时长，提高网站浏览量。以河北旅游专题页为例，如图 5.12 所示。

图 5.12 图片展示

除此之外，专题页图片还应加上 alt 标签，方便引擎蜘蛛爬行、抓取。

（2）文本介绍

搜索引擎抓取页面主要是通过文字，所以专题页中应有简短的文字介绍，例如，图 5.12 中对河北的基本情况进行了简单介绍，同时提升了关键词“河北”的密度。

（3）多个模块展示

这就是前面提到的多维度满足用户需求。如果专题页角度单一，那就和栏目页基本相同了，造成内容重复。

（4）关键词密度和锚文本

专题页涉及目标关键词的板块有很多，以马蜂窝网站河北旅游专题页为例，该专题页包含河北旅游路线、河北热门目的地、河北问答等旅游信息，多次出现目标关键词“河北”，告知搜索引擎该词语的重要性。

除此之外还要为专题页增加锚文本链接，指向其他相关栏目页，把专题页和栏目页的内容串联起来，给用户良好的浏览体验。

5.5　本章小结

本章以网站为例对栏目页、产品页、标签页以及专题页的优化方式进行讲解，包括 URL、关键词以及页面优化细节。通过对本章知识的学习，读者面对大型网站应能把握 SEO 方向，在后期的工作中可以如鱼得水。

5.6　习题

1. **填空题**

（1）网站标题一定要涵盖网站________信息。

（2）关键词要根据________选择。

（3）产品页优化主要包括________、________、________。

（4）________是按关键词分类的内容聚合页。

（5）页面图片要设置________标签。

2. **选择题**

（1）关于 URL 以下说法不正确的是（　　）。

A. URL 层级最好不要超过 3 层

B. URL 中使用英文名称或拼音有利于优化排名

C. URL 全部使用小写字母，参数尽量少

D. 产品页 URL 可以与栏目页 URL 一致

（2）关于标签页说法正确的是（　　）。

A. 标题可以随意编写，只要有搜索量即可

B. 标签页与栏目页可以一致

C. 标签页适合所有网站使用

D. 标签页锚文本应选用网站关键词

（3）一个 SEO 良好的网站，其主要流量来自于（　　）。

A. 标题　　B. 内容

C. 关键词　　D. 目录

（4）网站目标关键词放在（　　）位置最佳。

A. 标题标签　　B. 网站栏目页

C. 描述标签　　D. 关键词标签

（5）为提高专题页权重，不可取的方法是（　　）。

A. 图片尽可能多

B. alt 标签写关键词

C. 关键词长时间不做修改

D. 为了避免关键词重复，在专题页只设置两三个关键词

3. 思考题

（1）简述专题页的优化流程。

（2）网站页面中锚文本优化有什么作用?

06 第6章 企业站 SEO 实战

本章学习目标

- 掌握企业站内部优化技巧
- 灵活运用站外 SEO 手段
- 熟悉站外 SEO 推广平台

众所周知，互联网已经成为当下推广产品的有力媒介。不管是社交、订票，还是看新闻、购买产品等，这些行为基本都可在互联网上进行。SEO 技术可以帮助企业将产品推向市场，获得更多精准客户。本章将从企业站的站内 SEO 和站外 SEO 两个方面进行详解。

站内 SEO 手段（上）

站内 SEO 手段（下）

6.1 站内 SEO 手段

企业站优化分为站内 SEO 和站外 SEO 两种方式，站内 SEO 主要调整内容文章和网站框架，而站外 SEO 主要通过外链的方式进行，两种方法结合可以实现企业站快速提高排名的效果。下面首先对站内 SEO 方法进行讲解。

6.1.1 关键词分析

关键词分析是做 SEO 的第一步，首页优化、栏目页优化、内容页优化都是围绕关键词展开的，正确的关键词优化会给企业站带来源源不断的流量和客户。以“呼叫中心系统”企业为例，呼叫中心系统、电话系统是企业的主营产品，网站所有关键词都围绕这两个主营产品来设置。

首先是选择核心关键词（简称核心词），也就是目标关键词。核心词确定后，长尾词就很容易选择。

核心关键词是搜索量高、与企业产品高度匹配、用户需求量大的词，可以通过查看竞争对手关键词、搜索栏下拉框、相关搜索以及产品名等确定网站核心关键词，具体方法参见第 2 章内容。

确定核心关键词后就可以选择网站长尾关键词了。长尾关键词一般设置在栏目页和内容页中。SEO 人员在进行关键词优化时最好制定相应表格，对关键词优化难度做出判断，如表 6.1 所示。

表 6.1 关键词分析表

关键词	优化难度	对应页面
呼叫中心系统	难	网站首页
电话系统	难	网站首页
客服呼叫中心	难	网站首页
北京呼叫中心系统	中	呼叫中心系统栏目页
呼叫中心系统价格	中	呼叫中心系统栏目页
呼叫中心系统哪家好	易	呼叫中心系统产品页或文章页
电话系统哪家好用	易	电话系统产品页或文章页
电话系统多少钱	中	电话系统栏目页

通过表 6.1 可以看出，难度较高的目标关键词放在首页，难度中级的放在栏目页，难度低的放在具体产品页或文章页。整个网站中关键词按照优化难度逐级分布，但每个长尾词都包含相关的目标关键词，例如，长尾词“北京呼叫中心系统怎么样”包含了“呼叫中心系统”这一目标关键词。

6.1.2 网站首页优化

网站首页优化是任何网站都需要重视的一步，包括页面设计、关键词布局、内链设置、面包屑导航、内容需求等方面。首页优化效果会直接影响用户体验和搜索引擎的友好度。

1. TDK 标签设置

TDK 标签是站内 SEO 的灵魂，网站排名不佳，很多时候与错误的 TDK 标签有直接关系。下面分别讲解首页标题标签、描述标签、关键词标签的设置。

（1）标题标签

首页标题标签应该包括企业名称和企业三四个主营产品或主营服务等，示例如下。

```
<title>呼叫中心系统,呼叫中心,客服呼叫中心,电话管理系统|北京网讯兆通</title>
```

（2）描述标签

首页描述标签要尽可能吸引用户，刺激用户点击，用简短的语句描述出企业的主营产品或服务，并适当布局关键词，示例如下。

```
<meta name="description" content="北京网讯兆通专注呼叫中心行业20年,自主研发北京呼叫中心系统,客服呼叫中心,电话管理系统,性价比首选,自定义开发平台,为客户提供一站式呼叫中心解决方案,联系电话: 1234567" />
```

（3）关键词标签

首页关键词通常采用网站核心词，示例如下。

```
<meta name="keywords"content=>"呼叫中心系统,电话管理系统,客服呼叫中心,北京呼叫中心系统,呼叫中心产品"/>
```

2. 首页导航优化

简单来说导航优化包括五大要素：企业名称、企业产品、企业服务、服务优势、联系方式。简单的陈述让用户一目了然，可提升用户体验，如图 6.1 所示。

图 6.1 导航栏

首页导航优化还要注意全面性，以卖电子产品为例，企业主营笔记本电脑、台式计算机、鼠标、键盘等，导航设计图应如图 6.2 所示。

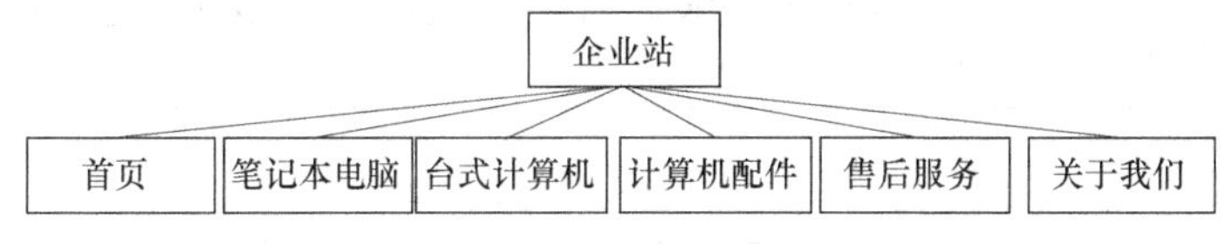

图 6.2 企业站导航设计图

企业站的特点是产品单一，关键词数量少，所以在设计导航时应尽量选择扁平化结构，如图 6.2 所示，每个频道都有主营的产品，每个产品页面都有独立的权重。

3. 页脚优化

很多 SEO 人员不重视页脚的优化，这是错误的。页脚是整个网站的黄金区域，不管网站打开到第几页，页脚都是存在的。

SEO 人员可以根据用户需求和网站需求，在页脚处加入不同的锚文本链接，如相关媒体资讯、企业服务、联系方式和企业案例等。这种做法能够提高用户黏度，增加网站浏览量，如图 6.3 所示。

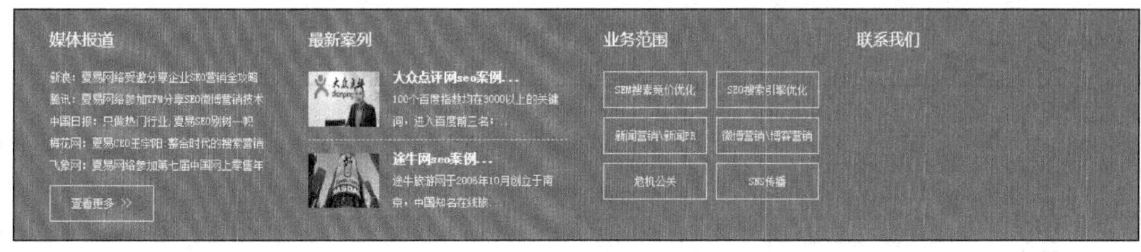

图 6.3 页脚优化效果

4. 网站页面设计

企业站页面要简洁、大方，图片设计可以交给企业的 UI 人员，用专业的设计技术给用户最好的体验。

在上传网站图片时，图片 alt 标签要添加企业关键词，这样能提升关键词密度，同时有利于网站图片被搜索引擎收录。

6.1.3 栏目页优化

1. TDK 标签设置

确定 TDK 标签是页面优化的第一步，在栏目页中 TDK 标签多选择搜索量高、热度较低的长尾关键词，具体讲解如下。

（1）标题标签

栏目页标题标签的形式一般采用“栏目标题+长尾词+网站名称”，采用这种形式有利于栏目页获得排名，示例如下。

```
<title>呼叫中心产品,呼叫中心系统解决方案,北京网站兆通</title>
```

（2）描述标签

描述标签主要说明该栏目页的产品或服务，示例如下。

```
<meta name="description" content="北京网讯兆通呼叫中心产品包括:呼叫中心系统,呼叫中心中间件,呼叫中心硬件产品,呼叫中心解决方案等。" />
```

（3）关键词标签

栏目页属于内页，在关键词标签中最好选择长尾关键词，并结合栏目页产品选词，示例如下。

```
<meta name="keywords"content=>"呼叫中心硬件产品,呼叫中心系统价格,呼叫中心中间件,呼叫中心系统供应商"/>
```

2. **栏目内容统一**

一定要做好匹配工作，栏目页内容和栏目锚文本、文章内容和文章内标题要保持相关性，如图 6.4 与图 6.5 所示。

图 6.4　SEO 营销案例栏目

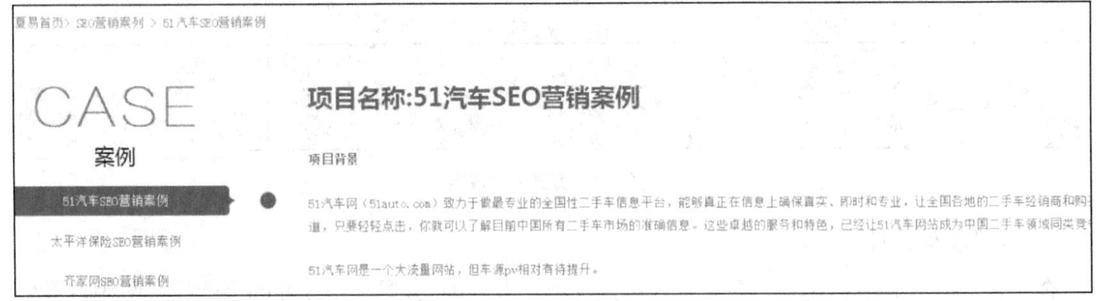

图 6.5　SEO 营销案例栏目下的内容

很多站长喜欢在栏目下随意更新企业相关内容，虽然内容很丰富，但不相关的内容对网站 SEO 没有一点帮助，还会起反作用。

3. **面包屑优化**

面包屑导航在网站 SEO 中起着承上启下的作用，它不仅能告诉用户当前页面的位置，还可以提升网站关键词密度。

面包屑导航一般是这样设置的：首页→栏目名→当前页面标题或关键词。以联想公司官方网站为例，如图 6.6 所示。

图 6.6　面包屑导航

6.1.4　内容页优化

内容页也就是常说的文章页，内容页优化是网站 SEO 的核心部分，包含关键词选择和文章优化两部分，缺一不可。

1. TDK 标签设置

内容页 TDK 标签通常选用与文章高度匹配的长尾关键词，具体讲解如下。

（1）标题标签

内容页标题标签通常是"文章标题+企业名称"，文章标题要包含文章关键词，示例如下。

```
<title>建一个呼叫中心系统多少钱-北京网站兆通</title>
```

（2）描述标签

内容页描述标签可以选择文章中有代表性的几句话，其中要有相应关键词，示例如下。

```
<Meta name="description" content="作为一个呼叫中心公司的销售人员,北京网讯兆通的销售经理经常接到客户的电话咨询,其中咨询最多的问题就是：建一个呼叫中心系统多少钱?呼叫中心价格是多少" />
```

（3）关键词标签

内容页主要布局长尾关键词，一定要与文章高度吻合，示例如下。

```
<meta name="keywords"content=>"呼叫中心系统多少钱,呼叫中心价格是多少"/>
```

2. 内容更新

关键词选定后，文章撰写工作即可展开。内容是网站的灵魂，也是基础，而未来搜索引擎的发展趋势也是以内容为首要目标。企业站并不需要大量的文章，所以要严格把控文章质量，遵循文章撰写原则。

（1）文章标题要新颖，贴合用户需求。

① 站在用户的角度思考标题，尽量使用人性化标题。

② 标题中必须出现一次关键词（切记只能出现一次关键词）。

③ 关键词越靠前，越容易被搜索引擎抓取。

④ 标题语言要通俗易懂，避免出现专业名词。

⑤ 标题控制在 23 字以内。

⑥ 标题中尽量不要出现空格、标点符号或其他特殊符号。

⑦ 标题尽量新颖，避免与百度搜索引擎收录的标题重复，如图 6.7 所示。

通过图 6.7 可以看出搜索的标题与百度收录的标题大量重复，这种重复率过高的标题不建议使用。

图 6.7　标题大量重复

（2）文章内容要与标题相关。

① 根据标题关键词来撰写文章内容，保证内容与标题的相关性。

② 纯文字的文章字数应控制在 500 ~ 800 字，关键词数量不要超过 3 个。

③ 首段是重点优化部分，关键词必须出现一次，越靠前越好，文末也要出现一次关键词。

④ 文章的图片要与内容相关，alt 标签要添加文章标题或文章关键词，图片大小控制在 30KB 以内，水印不宜过大，图片命名要使用数字或英文。

⑤ 文章的主要关键词不要用符号切分，以免改变词意，影响文章收录。

⑥ 文章超过 800 字要做分页处理。

（3）文章描述部分要出现一次关键词。

描述部分字数控制在 80 个字符以内（包括标点符号），语句通顺，关键词数量控制在 1 ~ 2 个，尽量出现在前半部分，如图 6.8 所示。

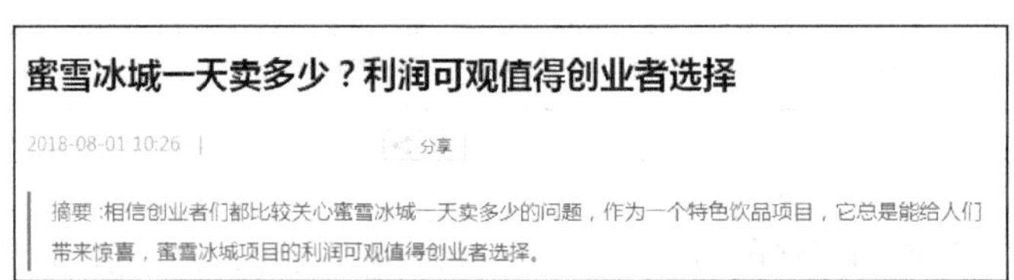

图 6.8　以“蜜雪冰城一天卖多少”为关键词

3. 内容页内链优化

网站内部链接（简称内链）的形式有很多，推荐阅读、导航页、文章中的锚文本等，要想提高关键词排名，内链优化是必不可少的工序。内容页内链优化得当，可以引导网站内页的权重传递，提高关键词排名，提高网站收录率。

很多新手站长喜欢把内容页关键词直接链接到首页，这种做法欠妥。内链应指向与关键词相关的网站栏目页或者内容页，增加站内页面的曝光度。

内容页和内容页做内链，能够有效地提高网站相关性，提升用户黏度。以百度百科为例，百度百科是很多 SEO 人员喜欢的推广平台，收录高、权重高是百度百科的特点，而这基于百度百科内链的设置，如图 6.9 所示。

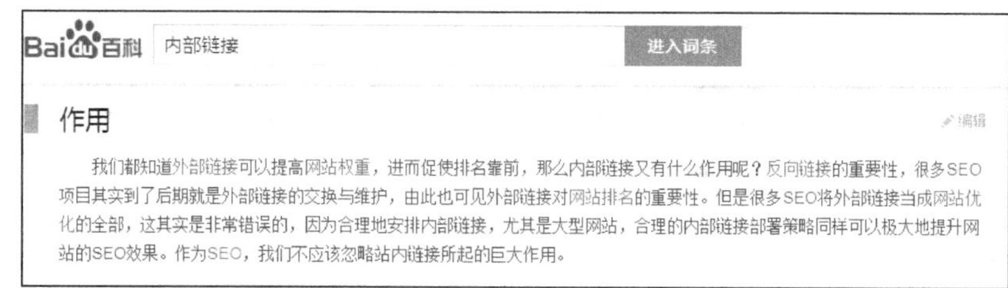

图 6.9　百度百科内链设置

在“内部链接”这篇文章中，存在着大量的内链，而所有的锚文本都是与“内部链接”相关的词汇，对提升关键词排名很有帮助。所以，在设置内链时，要遵循以下原则。

（1）不要把所有内链都指向首页

很多人以为把链接指向首页可以提高首页权重，其实大量内链指向同一页面会被引擎蜘蛛判断为作弊，导致网站降权。

（2）合理分配关键词链接

企业站关键词数量偏少，每个关键词都与企业主营产品相关，例如，企业是做 SEO 服务的，在首页设置的时候可以将导航栏设置为主营产品分类，如“网站建设”“关键词快速排名”“SEO 解决方案”等，每个栏目下都要有锚文本指向网站首页，提高关键词权重。但大型网站关键词较多时，这种方法不适用，大型网站的优化操作在下一章中讲解。

（3）文章内链要保持自然

不要为了提高关键词排名就在文章中加入大量内链，内链数量要保持自然，不要刻意为之，一篇文章中的链接不得指向本页面。

6.1.5　网站公共位置优化

除了网站内容页的布局，网站的公共位置同样要重视，它虽然不能直接影响关键词排名，但能提高搜索引擎对网站的友好度，让引擎蜘蛛更准确地抓取有效信息，增加网站收录量。

网站公共位置主要分为友情链接、相关推荐和联系方式三个部分，通常位于网页底部或一侧，如图 6.10 与图 6.11 所示。

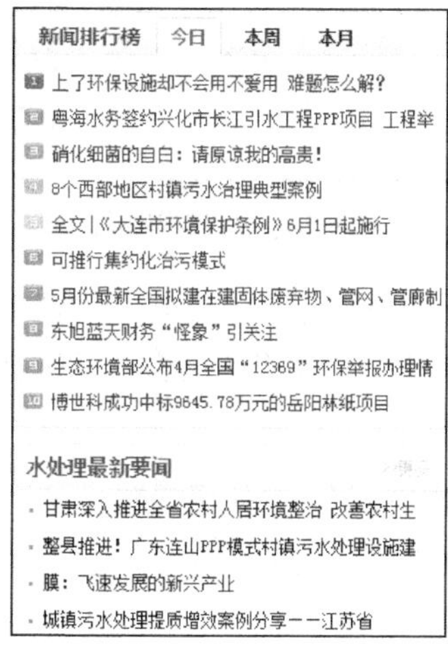

图 6.10　侧面新闻推荐

友情链接

中国环境科学学会	环境保护产业协会	中华环保联合会	全国工商联环境商会	中国环境报	碳交易	工控
中国环保在线	工程机械网	环卫科技网	化工原料	环评爱好者网	环保114	商城众网
中国塑料网	工程资料	工业品产品库	二手设备	化工产品网	玻璃资讯	我要测网
智能制造	前瞻产业研究院	化工设备网	分析仪器网			

热词检索： A B C D E F G H I J K L M N O P Q R S T U V W X Y Z

关于我们 | 广告服务 | 营销方案 | 联系我们 | 全景统计

图 6.11 底部友情链接和联系方式

1. 友情链接

第 1 章简单提到了友情链接。它是指网站互换链接，起到资源互补的作用。但在选择友情链接时，不能盲目追求高权重的网站，如果对方与自己权重差距过大，会造成流量集中走向高权重一方，对新做的企业站极其不利。企业站选择友情链接时要依照以下几个原则。

（1）找准企业定位

明确企业的主打产品，要和同行或产品相关的企业网站进行友链互换。例如，企业产品是服装，友链对象可以是以服装、配饰为主营产品的企业，产品之间有一定的联系。这样的引流是精准有效的。

（2）对方网站要有更新

查看网站更新频率最简单的方式就是查看网站快照，友链方要定期更新网站，保证网站的活跃度，吸引引擎蜘蛛爬行。

（3）定期检查友链情况

与其他网站互换链接后，要定期检查对方网站上是否有本企业站的链接，如果没有，应及时与对方管理员沟通，必要时，把对方链接去掉；还要定期检查对方是否设置了 nofollow 标签，发现问题及时处理。

检查友链情况推荐使用站长工具，显示有反链，说明友链设置成功，无反链或飘红说明失败，如图 6.12 所示。

1	尚硅谷/www.atguigu.com/	5790	--	3 / 590	2 / 0.26	有反链 位置/外链数：4/15 链接词：千锋教育
2	在线翻译/www.zaixian-fanyi.com/	452万	--	6 / 19005	3 / 0.22	有反链 位置/外链数：33/37 链接词：ios培训
3	艺考培训班/www.fhgy.cn/	3万1100	--	6 / 21371	3 / 0.21	有反链 位置/外链数：43/44 链接词：java培训机构
4	教育培训加盟/jiaoyu.3158.cn/	13万4000	--	4 / 2593	5 / 0.42	有反链 位置/外链数：3/16 链接词：java培训
5	江苏自考/www.jszikao.org/	--	--	5 / 5471	0 / 0.15	有反链 位置/外链数：16/17 链接词：java培训

图 6.12 检查友链情况

友情链接的选择是需要时间的，SEO 人员要有足够的耐性寻找合适的平台，后期要定期维护。友情链接对 SEO 有很重要的作用，因此要大力开发友链，并提高友链质量。

2. 相关推荐

相关推荐一般出现在文章的右侧或底部，方便用户继续阅读相关文章，提高网站每日 PV 值。

有些企业站的相关推荐链接是由技术部随机提供的。这种方法对网站 SEO 没有任何帮助，同时会损害用户体验。

相关推荐的内容要确实与文章内容相关，吸引用户继续阅读，增加网站黏度，如图 6.13 所示。

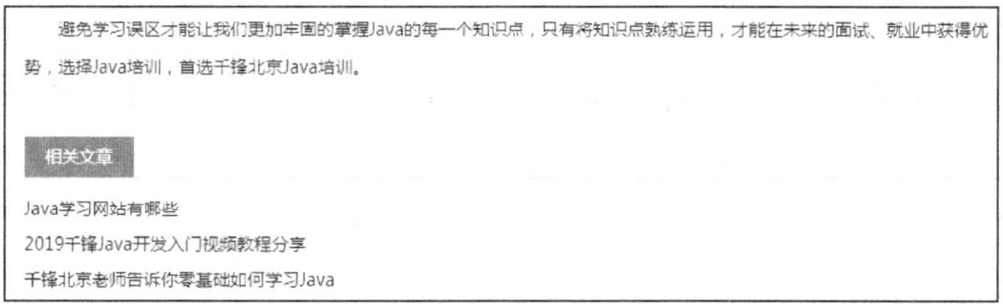

避免学习误区才能让我们更加牢固的掌握Java的每一个知识点，只有将知识点熟练运用，才能在未来的面试、就业中获得优势，选择Java培训，首选千锋北京Java培训。

相关文章

Java学习网站有哪些

2019千锋Java开发入门视频教程分享

千锋北京老师告诉你零基础如何学习Java

图 6.13 “相关文章”都与 Java 相关

3. 联系方式

联系方式通常以“联系我们”的链接形式出现在网站导航栏，但在文章底部也应该添加“联系我们”的锚文本链接或直接写出联系方式，方便客户直接与企业联系。转化用户才是做 SEO 的最终目的。

6.2 站外 SEO 手段

站外 SEO 手段

站外 SEO 主要指外链推广工作，在 SEO 整体工作中举足轻重。外链不仅可以增加品牌曝光度，还可以为网站带来流量，促成交易。

6.2.1 外链展示方式

1. 锚文本链接

锚文本链接将文字和网址链接合为一体，用户通过单击锚文本文字进入其指向的页面，如图 6.14 所示。

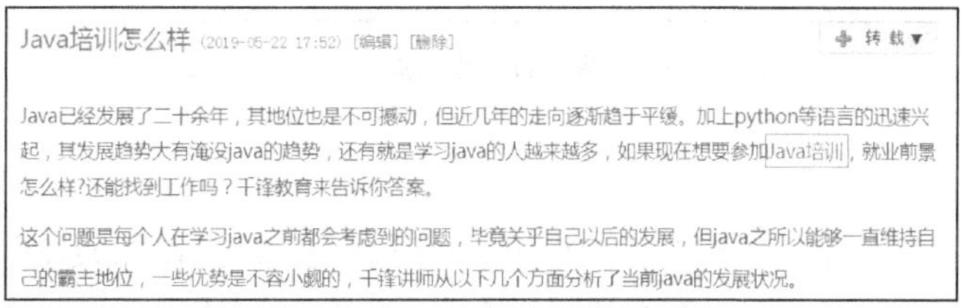

Java培训怎么样 (2019-05-22 17:52) [编辑] [删除] 转载

Java已经发展了二十余年，其地位也是不可撼动，但近几年的走向逐渐趋于平缓。加上python等语言的迅速兴起，其发展趋势大有淹没java的趋势，还有就是学习java的人越来越多，如果现在想要参加Java培训，就业前景怎么样?还能找到工作吗？千锋教育来告诉你答案。

这个问题是每个人在学习java之前都会考虑到的问题，毕竟关乎自己以后的发展，但java之所以能够一直维持自己的霸主地位，一些优势是不容小觑的，千锋讲师从以下几个方面分析了当前java的发展状况。

图 6.14 锚文本链接

单击图 6.14 中“Java 培训”锚文本可以直接跳转至千锋教育首页。锚文本链接是一种常用的外链方法，也是权重最高的外链。

2. 文本+超链接

这种链接仅次于锚文本链接，链接旁边的文字要与链接页面内容相关，如图 6.15 所示。

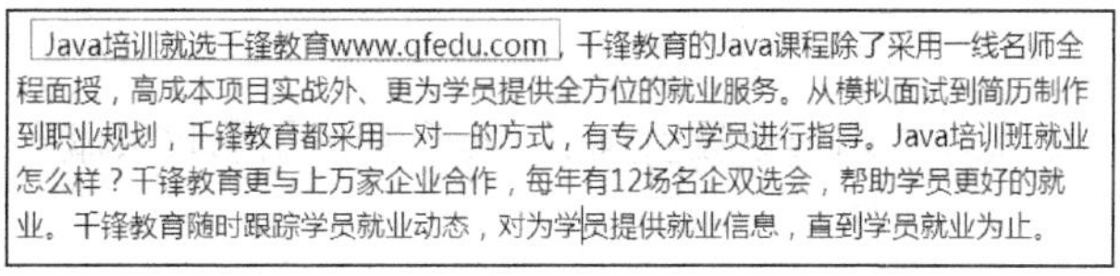

Java培训就选千锋教育www.qfedu.com，千锋教育的Java课程除了采用一线名师全程面授，高成本项目实战外、更为学员提供全方位的就业服务。从模拟面试到简历制作到职业规划，千锋教育都采用一对一的方式，有专人对学员进行指导。Java培训班就业怎么样？千锋教育更与上万家企业合作，每年有12场名企双选会，帮助学员更好的就业。千锋教育随时跟踪学员就业动态，对为学员提供就业信息，直到学员就业为止。

图 6.15 文本+超链接

3. 纯文本链接

纯文本链接通常出现在文章的评论或回复中。这种链接添加突兀，影响用户阅读。这种链接权重较小，不推荐使用，如图 6.16 所示。

孙稳兵 · 智慧消防
做一下页面聚集吧，提高一个页面的权重https://www.ennews.com/。
赞同 0
评论 0

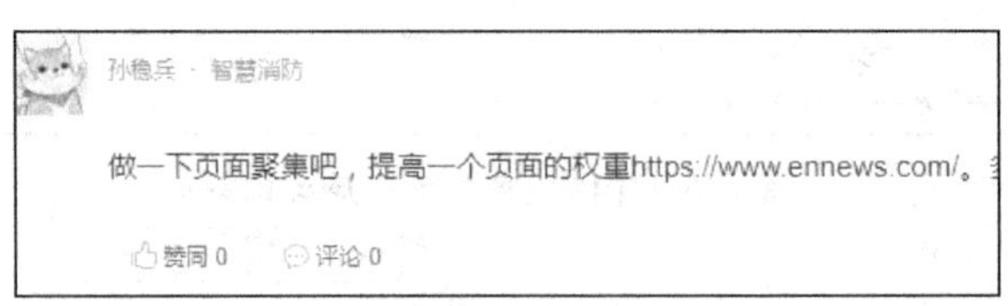

图 6.16　纯文本链接

6.2.2　外链平台

1. 论坛型平台

论坛型平台，包括豆瓣、天涯社区等，可免费注册账号，可自由发布软文，对品牌宣传很有帮助。

（1）以故事的形式展开

故事软文是很多企业常用的推广方式，既容易被用户接受，又可以达到品牌曝光的效果，如图 6.17 所示，通过单击文中的“小庭找茶”即可进入相关网站。

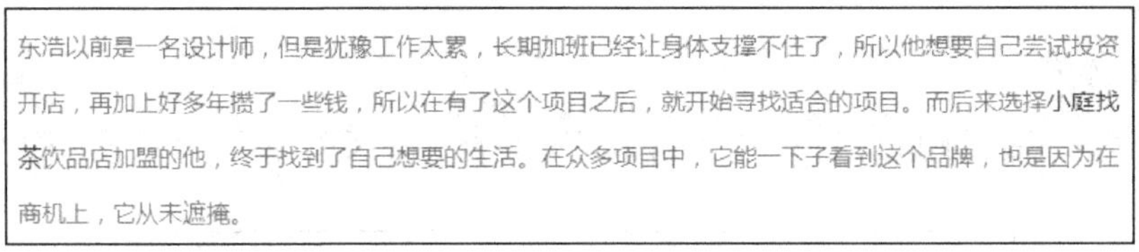

东浩以前是一名设计师，但是犹豫工作太累，长期加班已经让身体支撑不住了，所以他想要自己尝试投资开店，再加上好多年攒了一些钱，所以在有了这个项目之后，就开始寻找适合的项目。而后来选择**小庭找茶**饮品店加盟的他，终于找到了自己想要的生活。在众多项目中，它能一下子看到这个品牌，也是因为在商机上，它从未遮掩。

图 6.17　软文推广

（2）账号签名

在论坛中，账号签名处也是不错的推广位置，可以将企业产品简短表述并附上联系方式，账号可经常回复与产品相关的帖子，增加签名的曝光度，提高客户的联系概率，如图 6.18 所示。

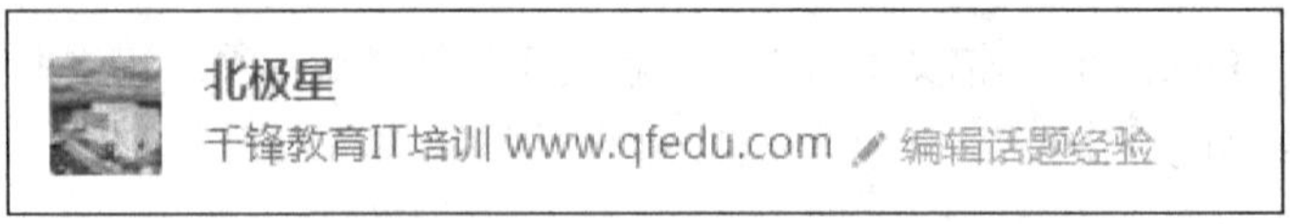

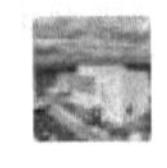

北极星
千锋教育IT培训 www.qfedu.com
编辑话题经验

图 6.18　账号签名

2. 百度产品

（1）百度文库

百度文库以内容为本，优质的内容会吸引点击，提升搜索引擎收录概率，运用得当可使 SEO 工作事半功倍。

百度文库平台严禁在文章中添加 QQ 号码、电话号码、地址等联系方式，但允许添加企业 Logo 和网址，最好的添加位置是页眉或页脚，这样文章更容易通过审核，如图 6.19 所示。

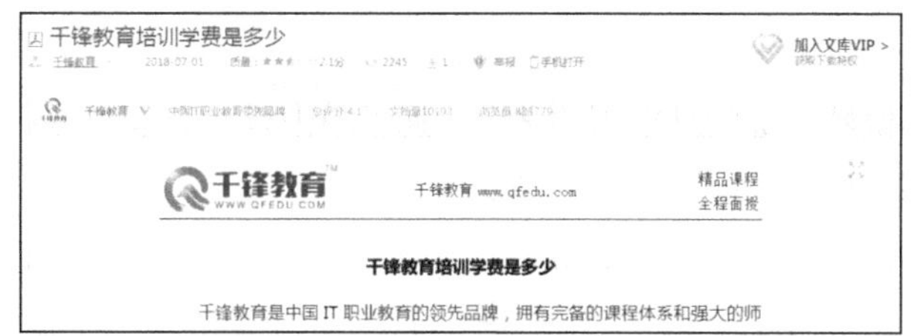

图 6.19　文章页眉 Logo

（2）百度知道

百度知道是很多 SEO 人员都会利用的平台。它有两个很大的优势：品牌宣传和增加网站外链数，如图 6.20 所示。

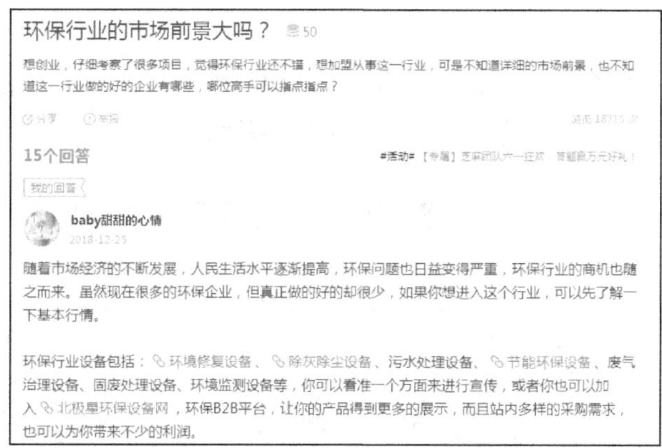

图 6.20　回答中有企业官方网站链接

从图 6.20 可以看出，回答中设置了多个外链，而这些外链锚文本都是企业站的目标关键词。点击这些锚文本可以直接进入北极星环保设备网首页或其栏目页。

百度知道对于网站来说是个不错的流量入口，对提高企业品牌曝光度和知名度都有很大的帮助；但在设置外链时，切忌使用新号操作，容易造成封号。

3. 分类信息平台

分类信息平台权重高，是免费的广告投放区。SEO 人员常用的分类信息平台有 58 同城、列表网、快点 8、百姓网等。这些平台权重较高，文章收录率也高。

分类信息平台的外链一般出现在文章首段或末段，以 58 同城为例，如图 6.21 所示。

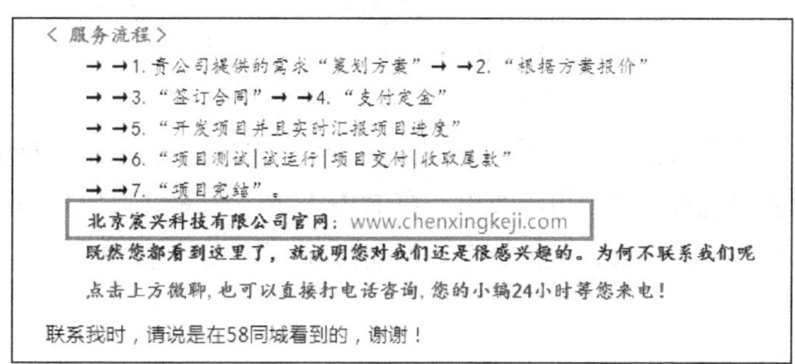

图 6.21　58 同城外链

4. **博客平台**

博客是 SEO 人员在做站外推广时常用的平台，通过单击博客文章锚文本即可进入企业官方网站首页或产品栏目页，以新浪博客为例，如图 6.22 所示。

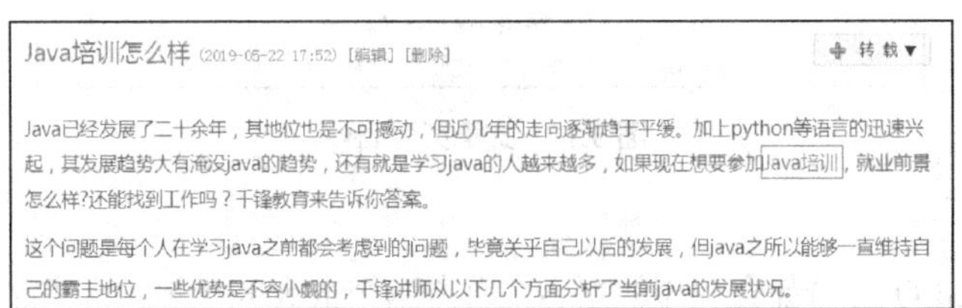

图 6.22　新浪博客外链

5. **其他推广平台**

SEO 人员可以将企业站挂到其他推广平台，让引擎蜘蛛通过其他平台抓取企业站。常见的推广平台有：推广平台网、80 分类目录网、比链中文网站目录网，单击“网站提交”按钮即可，如图 6.23 所示。

图 6.23　比链中文网站目录网

6.3　利用电子商务平台

电子商务平台分为 B2B 平台和 B2C 平台。前者指的是企业与企业的交易平台，倾向于批发，常见的 B2B 平台有黄页 88、阿里巴巴、慧聪网等；后者是企业和个人的交易平台，倾向于零售，常见的 B2C 平台有 1 号店、当当网等。电子商务平台近几年发展突飞猛进，是不少企业的主流量来源。

利用电子商务平台

电子商务平台推广成本较低，很多平台都可以免费发布信息，后期维护难度低，只要平时多更新就能达到不错的引流效果。在 B2B 平台上，企业可以拥有自己的商铺，直接继承平台的高权重，轻松让企业产品排到首页，因此，B2B 平台对于传统企业来说是不错的导流平台。

1. **选择正确的切入口**

电子商务平台中，B2B 是企业常用的推广平台，在站外推广中效果最佳，选择权重高的 B2B 平台，不仅可以保证产品排名，还可以带来精准客户。

（1）借鉴竞品企业的推广平台

掌握精确的推广平台的最好方式就是向竞品企业学习，其选择的 B2B 平台一定也适合本企业，因为产品相同，目标群体相同。例如，企业以水处理设备为主营产品，如图 6.24 所示。

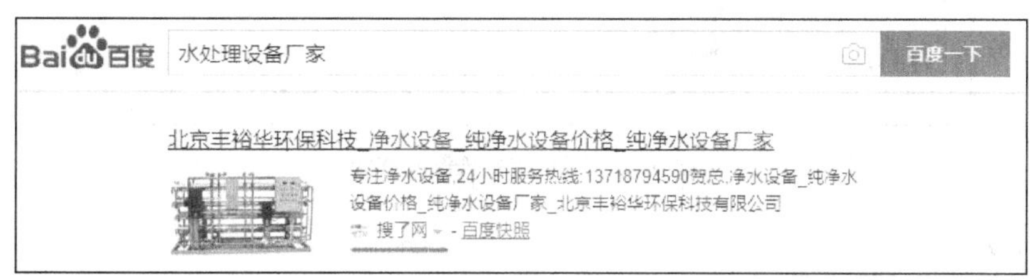

图 6.24 查看竞品企业推广平台

（2）明确产品类别

不同的产品有不同的推广方法，如果是产品批发，可以选择 B2B 平台，如阿里巴巴，如果是生活服务（维修、家政、保洁等），可以采用分类信息平台，如 58 同城、百姓网等。应根据不同产品来发布不同信息，在选择平台时，不仅要权重高，还要适合该产品，这样对品牌推广才有意义。

（3）明确行业类别

每个 B2B 平台都有行业分类，涉及面广，包括电气设备、家装建材、服装、食品等，以中国制造网为例，如图 6.25 所示。

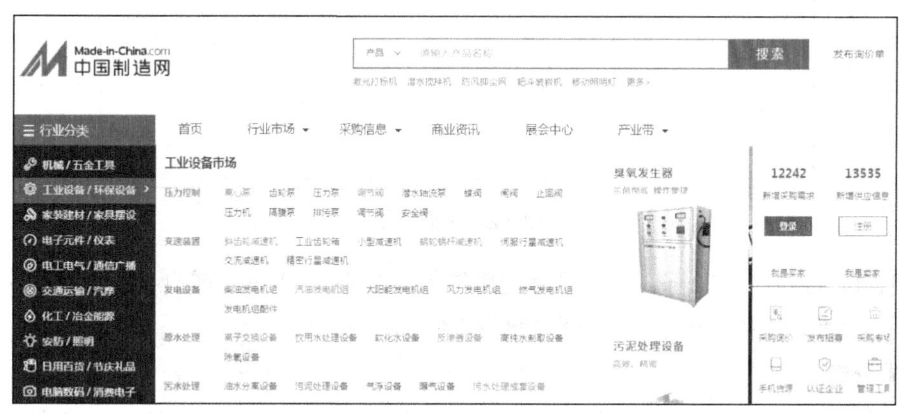

图 6.25 行业分类

SEO 人员可根据产品功能确定其所属类别，例如，企业是做水处理设备的，行业分类是“工业设备/环保设备>污水处理>污水处理成套设备”，产品标题则应该是“水处理设备价格”“水处理设备厂家”等长尾关键词。建议在同一平台、同一时间段发布产品信息控制在 5 条以内，不要一次性发布太多，以免被平台删除。

2. 关键词选择

在电子商务平台上，最有效的推广词是长尾关键词，如“水处理设备哪家好”“水处理设备多少钱一台”“北京水处理设备怎么样”等关键词，长尾词浏览量大，搜索量高，在 B2B 平台上有很高的曝光度，有利于吸引用户点击，如图 6.26 所示。

图 6.26　B2B 平台关键词选择

3. 内容编写

在 B2B 平台上，每个企业都会有属于自己的商铺，在商铺中可以上传产品详情和企业新闻，内容质量的高低直接影响商铺是否被收录或推荐。在产品详情中要标明产品型号、属性、功能以及售后服务等信息，让用户一目了然，清楚产品优势，如图 6.27 所示。

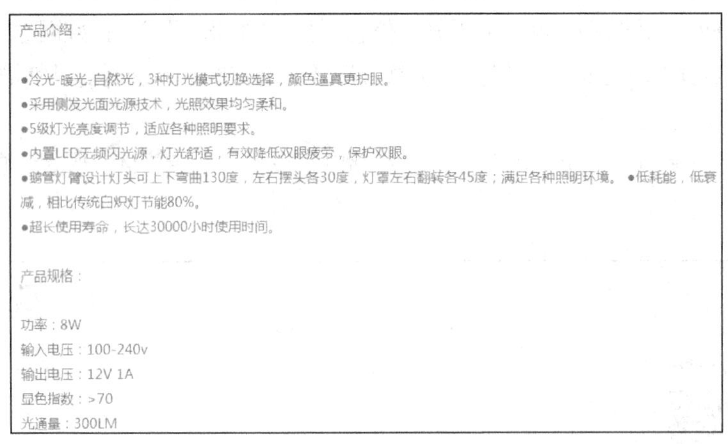

产品介绍：

●冷光-暖光-自然光，3种灯光模式切换选择，颜色逼真更护眼。
●采用侧发光面光源技术，光照效果均匀柔和。
●5级灯光亮度调节，适应各种照明要求。
●内置LED无频闪光源，灯光舒适，有效降低双眼疲劳，保护双眼。
●鹅管灯臂设计灯头可上下弯曲130度，左右摆头各30度，灯罩左右翻转各45度；满足各种照明环境。 ●低耗能，低衰减，相比传统白炽灯节能80%。
●超长使用寿命，长达30000小时使用时间。

产品规格：

功率：8W
输入电压：100-240v
输出电压：12V 1A
显色指数：>70
光通量：300LM

图 6.27　产品详情

产品内容每天最好发布 2 条以上，且每天都要有店铺刷新，保证店铺的活跃度，很多 B2B 平台有自己的评判标准，活跃度高的企业会优先获得排名。

4. 设置外链

前面讲过外链对关键词排名有不错的提升作用，选择高权重 B2B 平台设置外链能够加快搜索引擎对页面的收录，快速实现关键词排名提升。

在文章中设置外链时要注意，最好以文章关键词为锚文本，链接指向网站首页，这样有利于权重的集中。但如果锚文本与首页相关性较低，建议选择与锚文本相关性高的页面。

外链数量要根据文章长短来设置，800 字以内的文章不要超过 3 个外链，文章首段要有锚文本指向企业官方网站首页，锚文本加粗。

6.4　本章小结

企业站是最容易实现 SEO 效果的网站，关键词数量较少，产品较少，推广更具有针对性。本章属于 SEO 实战，从企业站的站内 SEO 和站外 SEO 两个角度讲解，让读者在优化企业站时迅速找到方向和方法，为企业带来精准流量和经济效益。

6.5 习题

1. 填空题

（1）产品单一的企业站更适合________网站结构。

（2）企业站优化分为________、________两个方向。

（3）百度百科主要采用________优化。

（4）网站公共位置主要包括________、________、________。

（5）内容页关键词最好选用________。

2. 选择题

（1）以下关于友情链接描述不正确的是（　　）。

A. 网站之间应有相关性

B. 应关注对方网站快照是否定期更新

C. 对方网站权重是 4，但不是同一行业，也可以互换链接

D. 应定期查看对方友链情况

（2）进行电子商务平台推广时，做法正确的是（　　）。

A. 选择和企业产品一致的产品类别　　B. 关键词全部选择目标关键词

C. 文章外链越多越好　　D. 发布产品时要多区域宣传

（3）下列不属于 SEM 优势的是（　　）。

A. 用户信任度高　　B. 客户精准度高

C. 排名靠前　　D. 提高品牌曝光度

（4）关于面包屑设置，下列符合优化思想的是（　　）。

A. 首页>计算机配件>计算机电源　　B. 计算机>计算机配件>鼠标

C. 面包屑导航不适合移动端使用　　D. 层级网站更适合用面包屑导航

（5）网站页面优化包括（　　）。

A. 导航优化　　B. 内容页优化

C. 相关推荐栏目优化　　D. 页脚优化

3. 思考题

（1）假如企业是做工装定制的，应该如何进行 SEO？

（2）简述一篇合格的企业站文章要遵循哪些原则。

07

第 7 章　资讯类网站 SEO 实战

本章学习目标

- 了解资讯类网站的特点
- 掌握网站内链设置的方法
- 熟悉火车采集器的操作步骤
- 学习文章撰写技巧

资讯类网站主要是指新闻网站、门户网站等文章较多的平台，属于大中型网站。资讯类网站内容类别较多，所以对每个页面都要进行独立优化来实现 SEO 效果。本章对资讯类网站 SEO 工作进行介绍，为读者讲解大型资讯类网站关键词选择、文章撰写等知识点。

站内优化

7.1　站内优化

资讯类网站包括新闻资讯网站、综合信息网站以及行业资讯网站。新闻资讯网站是指新浪网、今日头条、人民网等发布新闻的网站。综合信息网站是指慧聪网这类网站，既可以发布博客信息，又可以在线发布产品信息、采购信息等。行业资讯网站是指 51Job、中国木材网等专业领域的网站。SEO 人员要根据每个网站的特点寻找合适的关键词，以便进行下一步工作。

7.1.1　关键词确定

先借助相关搜索、下拉框、5118 平台、竞品网站等整理出适合本站的关键词，再根据关键词指数、竞争度将关键词分为热、中、低三个档次，例如，“SEO 运营”比“SEO”热度更低，更容易优化。

在做关键词计划时要记住首页做热词，栏目页做热词和中等词，内容页做热度较低的长尾词，并对关键词做好 URL 记录，以便中后期查看、修改，如表 7.1 所示。

表 7.1　关键词计划

ID	关键词	热度（根据关键词选填）	目标 URL
1	关键词 1	热/中/低	对应的 URL
2	关键词 2	热/中/低	对应的 URL
3	关键词 3	热/中/低	对应的 URL

关键词计划要实时更新，随着互联网热点变化而变化，对已经过时的关键词及时删除，将新的关键词补充到表格中，关键词对应的 URL 发生变化，需要单独更新 URL。

7.1.2　TDK 标签

1. 标题标签

SEO 新手刚接触资讯类网站时首先要明确网站主营服务，首页标题标签要体现出网站亮点，如表 7.2 所示。

表 7.2　网站首页标题标签

网站	首页标题（title）	关键词
51Job	找工作尽在 51Job	找工作
中国木材网	木材网，木业信息网权威！	木材网
中国陶瓷网	中国陶瓷网_瓷砖卫浴行业门户网站	中国陶瓷网

2. 描述标签

首页描述标签要包含网站目标关键词，准确简洁地描述网站主营服务。以搜狐网为例，描述标签示例如下。

```
<meta name="description" content="搜狐网为用户提供 24 小时不间断的最新资讯,及搜索、邮件等网络服务。内容包括全球热点事件、突发新闻、时事评论、热播影视剧、体育赛事、行业动态、生活服务信息,以及论坛、博客、微博、我的搜狐等互动空间。"/>
```

3. 关键词标签

资讯类网站涉及面广，通常情况下以栏目标题为首页关键词标签，关键词用英文逗号隔开，示例如下。

```
<meta name="Keywords" content="搜狐,门户网站,新媒体,网络媒体,新闻,财经,体育,娱乐,时尚,汽车,房产,科技,图片,论坛,微博,博客,视频,电影,电视剧"/>
```

栏目页 TDK 标签相较于首页更加精准，每个栏目页有相应的关键词，例如，新闻栏目页的 TDK 标签都应与新闻相关，包括国际新闻、国内新闻、生活新闻等，示例如下。

```
<title>搜狐新闻-搜狐</title>
<meta name="keywords" content="新闻,搜狐新闻,新闻频道,国内新闻,国际新闻,生活新闻,新闻中心">
<meta name="description" content="搜狐新闻,24 小时提供时政新闻,国内新闻,国际新闻,生活新闻,时事热点,新闻图片,军事,历史,生活,的专业时事报道门户网站">
```

内容页 TDK 标签是针对该页面文章来制定的，标题标签通常是文章标题，描述标签采用文章片段，其中必须有文章关键词，而关键词标签则由与文章内容高度吻合的长尾词组成，示例如下。

```
<title>垃圾分类标准成长记 背后深意你真的 get 到了吗？-搜狐</title>
<meta name="description" content="在生活中，我们每个人都是垃圾的制造者。对于我们个人来说，把垃圾一扔好像就和自己没关系了；垃圾分类让我们改变这一想法。" />
<meta name="keywords" content="垃圾分类,餐厨垃圾,环保网,环保新闻网" />
```

7.1.3 网站结构

1. **树形结构**

资讯类网站栏目较多，内容较杂，所以网站更适合采用树形结构，每个列表或栏目都要有内容填充，每个内容页尽可能与其他栏目下的内容页相关联。

树形结构不仅符合搜索引擎的抓取习惯，也符合人们的浏览习惯，比如在图书馆中，书籍首先被分为生活类、自然类、历史类，而生活类书籍又分别被贴上了美食、旅行、音乐等标签，这就属于树形结构。

以资讯类网站环保在线为例，其网站结构如图 7.1 所示。

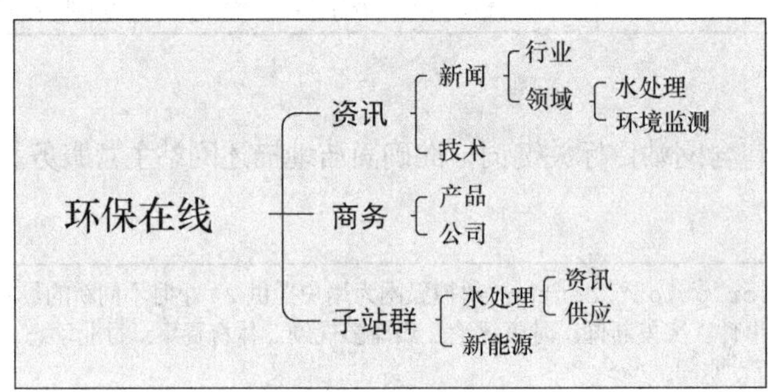

图 7.1 经典树形结构

图 7.1 是常见的经典树形结构，树形结构逻辑清晰，页面间的关系让搜索引擎更容易抓取。资讯类网站在进行网站结构设计时，要确保栏目页可以互相联系，内容页互做锚文本链接，但如果内容相关性过低，建议各自独立。

2. **主导航和次导航**

主导航就是网页顶部的导航栏，通常是网站核心内容的导入链接点，菜单项主要包括“首页”“联系我们”以及一些目标关键词。

前面提到过首页要有 5～10 个目标关键词，栏目页要有 3～5 个关键词，而主导航位置有限，这就体现出了次导航的作用。

次导航一般位于网页底部，以首页目标关键词为锚文本。以美文亭网站为例，如图 7.2 所示。

通过图 7.2 可以看出，次导航锚文本都是网站关键词，所以资讯类网站关键词较多时，合理利用次导航锚文本链接，对提高网站权重有很大的帮助。

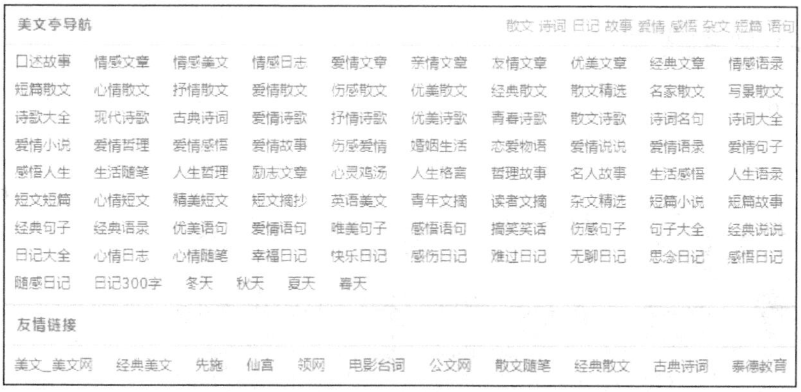

美文亭导航　　散文 诗词 日记 故事 爱情 感悟 杂文 短篇 语句

口述故事　情感文章　情感美文　情感日志　爱情文章　亲情文章　友情文章　优美文章　经典文章　情感语录
短篇散文　心情散文　抒情散文　爱情散文　伤感散文　优美散文　经典散文　散文精选　名家散文　写景散文
诗歌大全　现代诗歌　古典诗词　爱情诗歌　抒情诗歌　优美诗歌　青春诗歌　散文诗歌　诗词名句　诗词大全
爱情小说　爱情哲理　爱情感悟　爱情故事　伤感爱情　婚姻生活　恋爱物语　爱情说说　爱情语录　爱情句子
感悟人生　生活随笔　人生哲理　励志文章　心灵鸡汤　人生格言　哲理故事　名人故事　生活感悟　人生语录
短文短篇　心情短文　精美短文　短文摘抄　英语美文　青年文摘　读者文摘　杂文精选　短篇小说　短篇故事
经典句子　经典语录　优美语句　爱情语句　唯美句子　感悟语句　搞笑笑话　伤感句子　句子大全　经典说说
日记大全　心情日志　心情随笔　幸福日记　快乐日记　感伤日记　难过日记　无聊日记　思念日记　感悟日记
随感日记　日记300字　冬天　秋天　夏天　春天

友情链接

美文_美文网　经典美文　先施　仙宫　领网　电影台词　公文网　散文随笔　经典散文　古典诗词　泰德教育

图 7.2　次导航锚文本

但是切记，如果主导航已经用了某关键词，次导航不要再用。

7.1.4　图片优化

在资讯类网站中，图片亦是网站的主要内容，网站图片主要依赖 alt 标签来实现 SEO 效果。alt 标签通常采用关键词或一句简短的话，不管是关键词还是语句都要与页面主题相关联，并隐含图片想传达的内容。

将鼠标指针放至图片上即可看到 alt 标签，如图 7.3 所示。

图 7.3　图片 alt 标签

alt 标签在代码中的实现方式示例如下。

```
    <img src="http://5b0988e595225.cdn.sohucs.com/c_fill,w_410,h_205,g_faces/images/20191113/
bfc5190bbbd144bb9ff53782bd4307c1.jpeg" alt="让一部分人先爱上便利店">
```

7.2　火车采集器

对于资讯类网站来说，文章是网站的核心内容，火车采集器可以帮助 SEO 人员更快、更准确地采集到所需文章，提高工作效率，节约成本。本节主要讲解火车采集器免费版的功能。

7.2.1 火车采集器安装步骤

火车采集器安装步骤和名词介绍

打开火车采集器官方网站，单击“立即下载”按钮，如图 7.4 所示。

图 7.4 火车采集器下载界面

火车采集器有很多版本，读者可根据需求自行选择下载。本节以火车采集器 8.5 版本为例进行详细讲解。下载完成后对文件进行解压，根据提示单击“下一步”按钮即可，如图 7.5 所示。

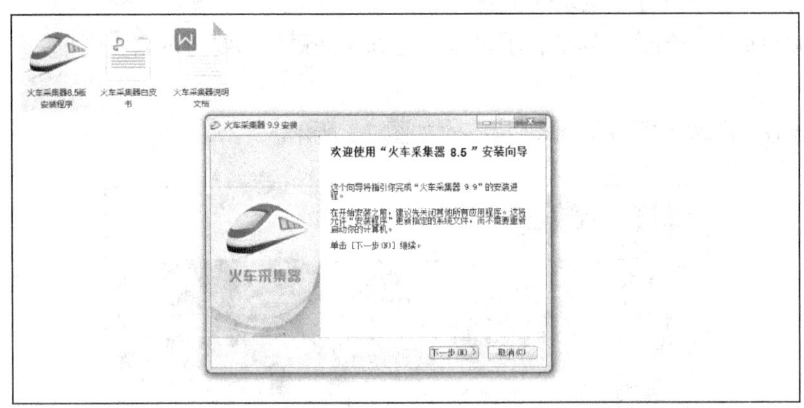

图 7.5 安装火车采集器

安装完成后，根据系统提示注册账号即可，下一步进入火车采集器主界面，如图 7.6 所示。

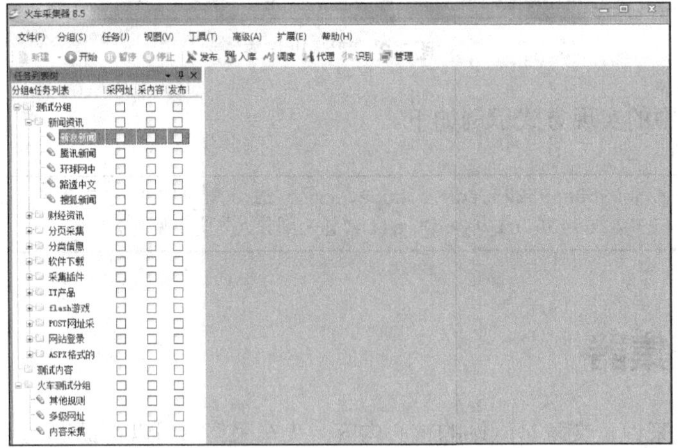

图 7.6 火车采集器主界面

7.2.2　火车采集器名词介绍

1. 采集规则

采集规则就是在采集某个网站页面时需要在火车采集器软件中设置的标准，可以将采集规则导出分享给其他软件，采集规则文件后缀名为.ljobx，如图 7.7 和图 7.8 所示。

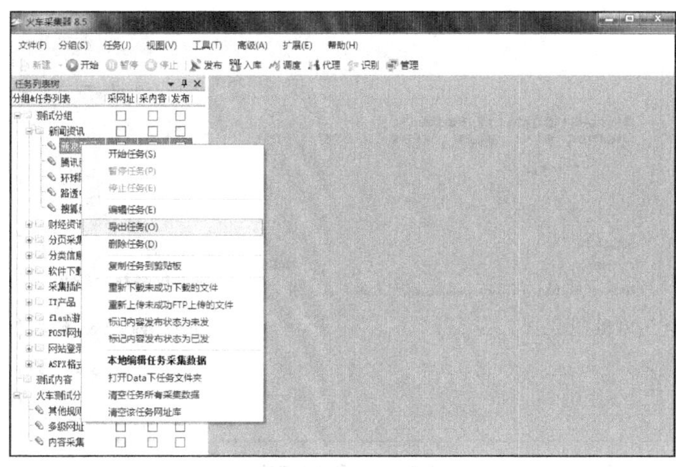

图 7.7　导出采集规则

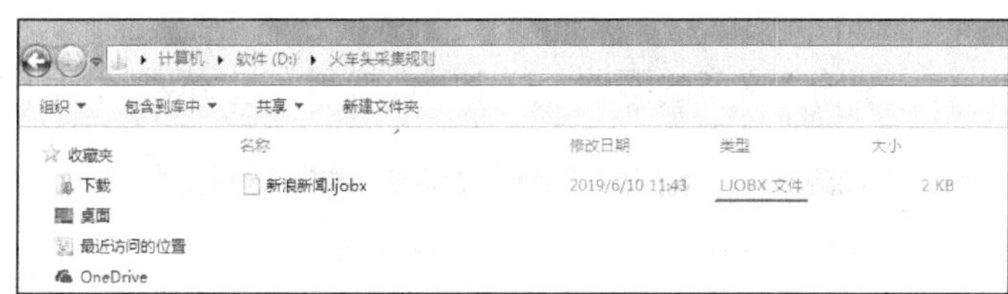

图 7.8　采集规则文件

如果想将已经导出的采集规则导入 B 软件，可以单击“导入分组规则”，选择.ljobx 文件导入，如图 7.9 所示。

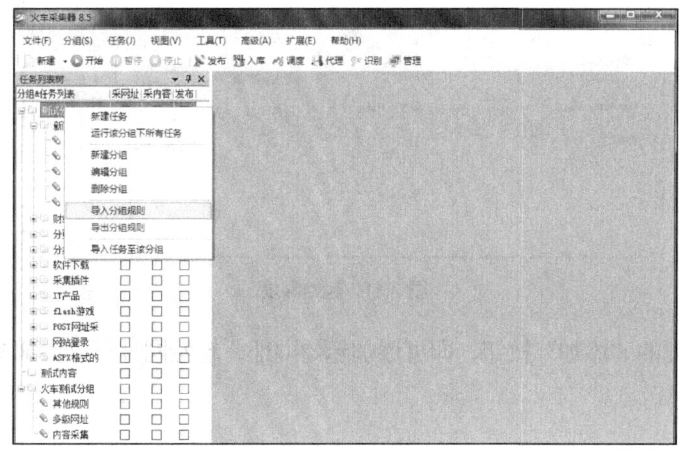

图 7.9　导入分组规则

2. 采集任务

采集任务是采集规则和发布规则的载体，采集任务设置分为三步：了采集网址规则、采集内容规则以及发布内容设置，如图 7.10 所示。

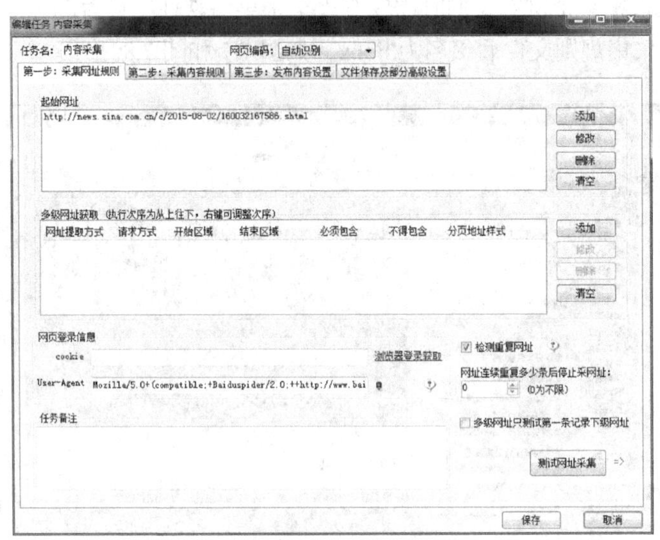

图 7.10 采集任务设置

3. 起始网址

要获取文章内容，首先要输入文章的网址，这个网址就叫作起始网址，如图 7.11 所示。

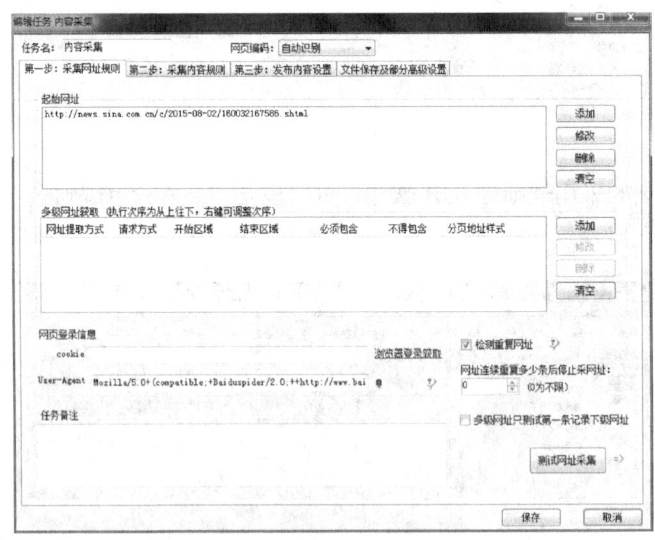

图 7.11 起始网址

单击图 7.11 右侧的“添加”按钮，即可添加起始网址，起始网址可以添加多条，每个网址单独一行，如图 7.12 所示。

4. 标签

标签指采集到的内容的字段名称，是由用户在编辑规则时拟定的，如作者、标题、内容等标签。

采集到的内容可以根据标签名放到指定位置，如图 7.13 所示。

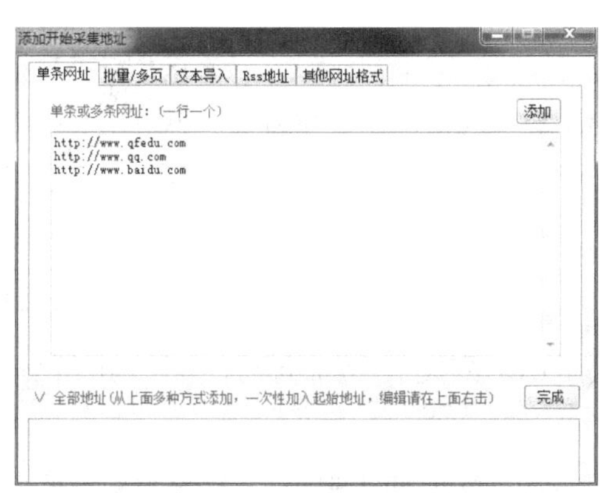

图 7.12　添加起始网址

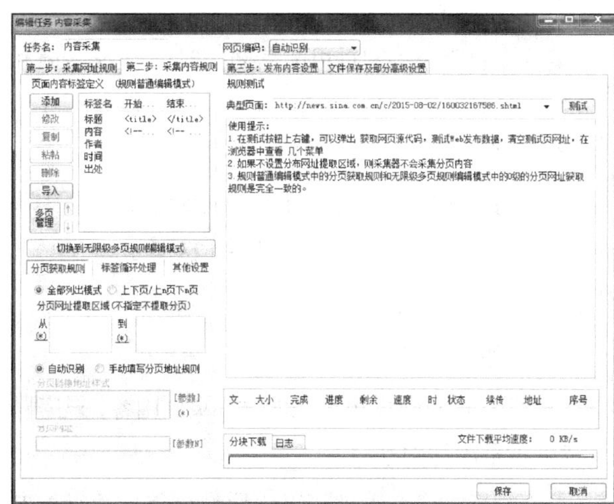

图 7.13　标签

在火车采集器中，标签分为列表页标签和内容页标签两部分，列表页标签针对采集网址时所获取的信息，而内容页标签针对采集内容时获得的信息。

5. 发布模块

发布模块用于发布内容的设置，SEO 人员可选择 Web 在线发布到网站、保存为本地文件、导入到自定义数据库、发布到其他扩展等四种方式，将已经采集好的文章或网址发布或保存到指定位置，如图 7.14 所示。其中最常用的方式是 Web 在线发布到网站和保存为本地文件。

图 7.14　发布模块的四种方式

6. cookie

cookie 包含浏览网站时登录的用户名等信息，使用户下次访问时可以直接登录，不需要重新输入用户名、密码等。火车采集器需要采集网站 cookie，以便进入需要登录的网站。

7. User-Agent

某些需要登录的网页可能需要同时验证 cookie 和 User-Agent（用户代理），所以在设置的时候要保持与本机浏览器型号一致。

8. 网页编码

网页的编码格式包括 UTF-8、GBK 等，网页编码必须设置为与所采集页面的编码一致，如果不一致采集的内容无法展示。

采集网址的规则

7.2.3 采集网址的规则

1. 添加单条网址

添加单条网址可以更准确地采集页面内容，只需复制页面 URL 到火车采集器即可，如图 7.10 所示。

2. 批量添加网址

一次性添加多条网址可以更快捷地获取页面内容，批量添加网址有三种方式：等差数列、等比数列和字母变化。

首先来说等差数列方法。例如，SEO 人员想要采集以下 5 页文章内容。

http://www.qfedu.com/1.html

http://www.qfedu.com/2.html

http://www.qfedu.com/3.html

http://www.qfedu.com/4.html

http://www.qfedu.com/5.html

SEO 人员需要在“地址格式”一栏中将页面 ID 用（*）代替，然后将“首项”填写为 1（首个页面的 ID），“项数”为 5（5 页内容），“公差”为 1（页面 ID 间的差值），如图 7.15 所示。

等比数列就是以两数之间的比值为基础进行的网址数字排序，如图 7.16 所示。

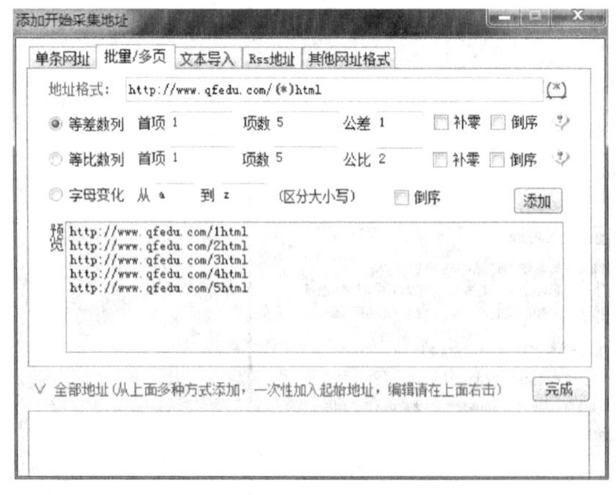

图 7.15 等差数列方法

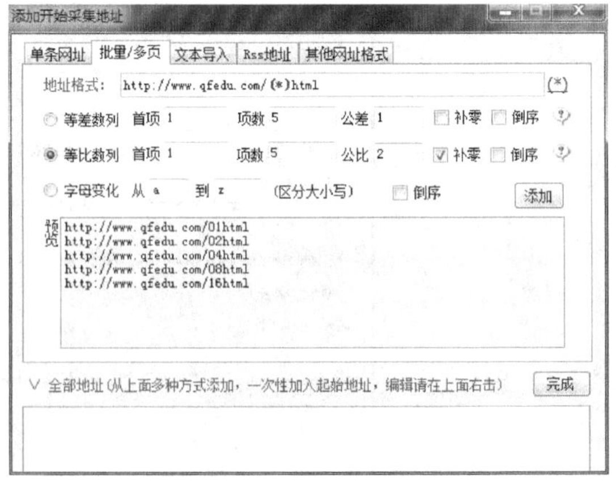

图 7.16 等比数列方法

字母变化是根据英文字母表进行网址排列，如图 7.17 所示。

3. 文本导入添加网址

新建 TXT 格式的文本文档，并将需要添加的网址以 http://开头的方式填写，每行一个网址。在

图 7.17 中单击“文本导入”标签页，单击“浏览”按钮，可以直接导入 TXT 格式文本并添加网址，如图 7.18 所示。

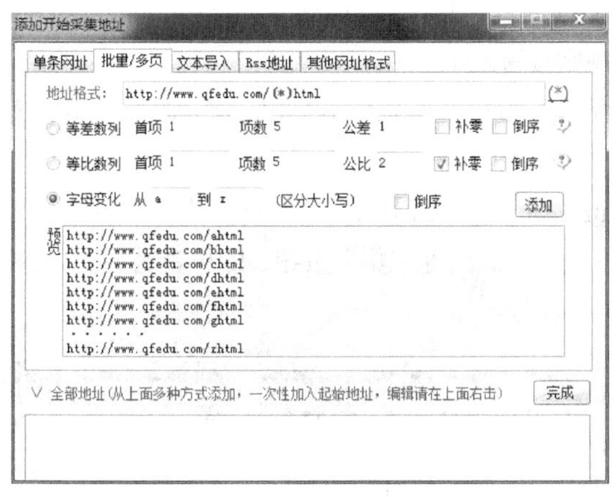

图 7.17　字母变化方法

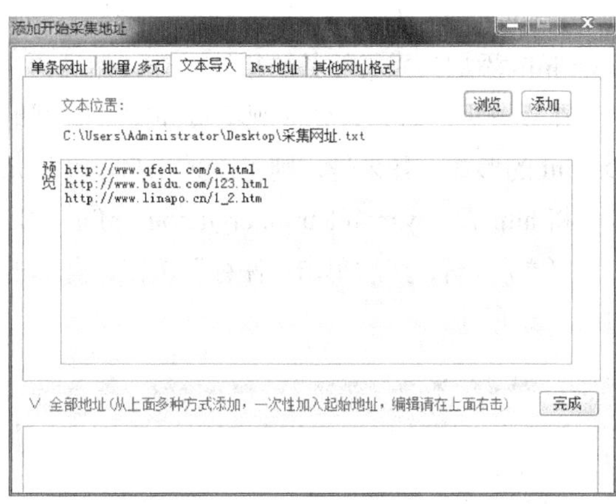

图 7.18　文本导入网址

文本导入方法更适合大量且无规则的网址采集，将网址统一放入 TXT 格式文本中可以更快速地采集到所需页面。

4. 自定义网址规则

采用自定义网址规则可以增加网址的多样性。单击图 7.18 中的“其他网址格式”标签页，然后就可以对网址规则进行设置，这种方法比较适合大量的、时间有规律的网址采集，如图 7.19 所示。

通过图 7.19 可以看出（*）替代了日期，根据时间样式可以自动生成带有日期的网址。

5. 多级网址获取

在采集网址时经常会遇到一个页面中存在多个 URL，如果想一次性获取页面中的所有 URL，就需要用到多级网址获取功能，如图 7.20 所示。

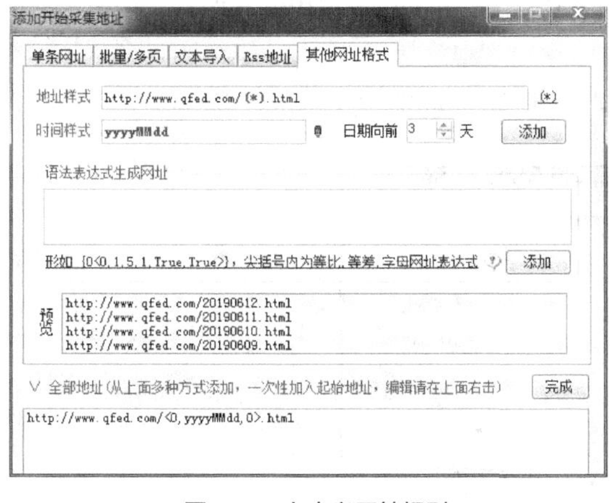

图 7.19　自定义网址规则

图 7.20　多级网址获取

多级网址获取的方式有很多种，单击图 7.20 右侧的“添加”按钮，即可看到多级网址获取的方式，包括网址获取选项、HTTP 请求方式、列表分页获取和附加参数。其中 HTTP 请求方式只需要使用 Get 标签即可，不需要设置其他选项。下面详细讲解网址获取选项。

（1）自动获取规则

自动获取规则适用于有共同点的网址和个性网址较少的时候。以 http://www.mobiletrain.org/about/info/为例，如果 SEO 人员准备采集该页面的文章内容，那么应将 http://www.mobiletrain.org/about/info/添加为采集任务的起始网址，然后再进行规则设置。

在设置规则时，首先应观察页面文章的网址是否都为 http://www.mobiletrain.org/about/info/文章 ID.html 的形式。如果是，则可以采用自动获取规则，如图 7.21 所示。

将 http://www.mobiletrain.org/about/info/文章 ID.html 写入图 7.21 中的“必须包含”一栏中，文章 ID 用（*）代替，然后单击“保存”按钮，再单击右下角“测试网址采集”按钮，即可查看采集效果，如图 7.22 所示。

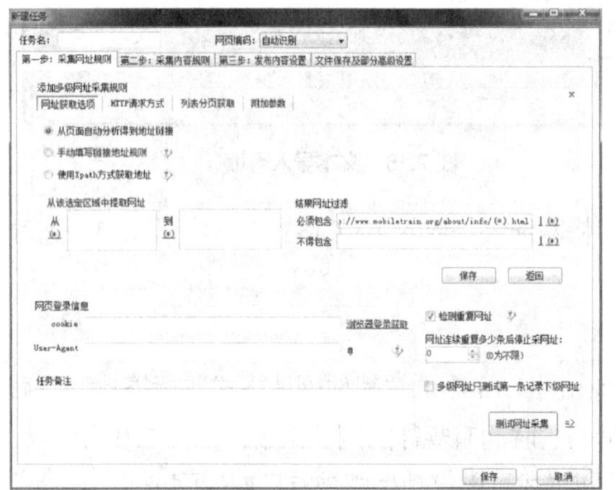

图 7.21　自动获取规则

图 7.22　采集的文章网址

使用自动获取规则时，要确定网址的共同性和个体性。共同性是指采集的文章网址形式基本一致，可将数字、日期或者字母用（*）代替；个体性则是网址之间的区别。例如，SEO 人员不想采集图 7.22 中带有 index 的链接，则需在图 7.21 中“不得包含”一栏中填写“index”，再单击“保存”按钮。

（2）手动获取规则

手动获取规则要注意“脚本规则”和“实际连接”的填写，如图 7.23 所示。

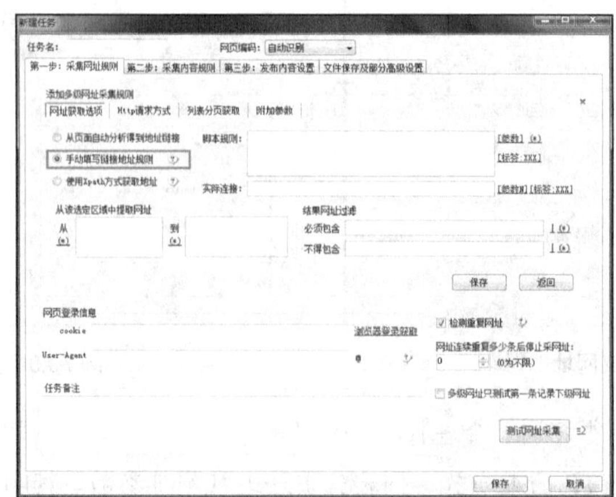

图 7.23　手动填写地址规则

脚本规则指的是被采集文章的源代码格式，方便火车采集器识别；实际连接指的是页面链接。具体填写步骤如下。

① 在网页上单击右键，获取源代码。

首先要清楚页面中的文章数量，以 http://www.mobiletrain.org/about/info/为例，页面中共有 25 篇文章。在该页面单击右键查看源代码，在代码中找到 25 篇文章的标题，并复制标题前的源代码。利用组合键 Ctrl+F 查看复制代码数量与采集文章的数量是否一致，如图 7.24 所示。

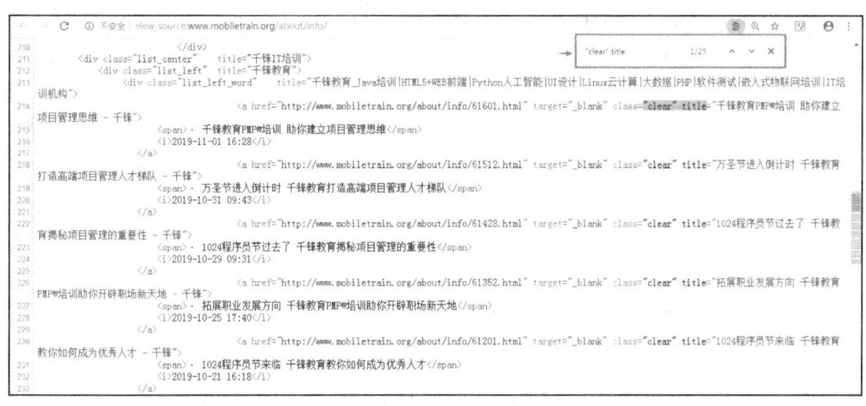

图 7.24　文章标题代码

通过图 7.24 右上角查找栏可以看出，复制代码数量与本页文章数量一致，这说明该代码是正确的。

② 获取采集规则。

将 class="clear" title="前含有文章网址的代码填入“脚本规则”一栏，网址中个体性的部分用[参数]代替，具体写法是<a href="[参数]" target="_blank" class="clear" title="，“实际连接”一栏填写[参数 1]，如图 7.25 所示。

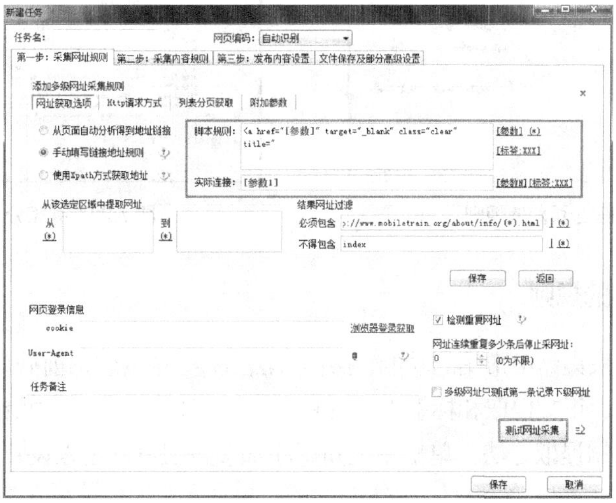

图 7.25　填写采集规则

由于火车采集器使用人数较多，系统可能会出现不稳定的情况，导致第一篇文章网址采集失败，此时建议 SEO 人员手动将其添加为起始网址。

（3）Xpath 方式获得采集规则

Xpath 方式是用 Xpath 浏览器获取 XPath 表达式，这种方法具有局限性，只适合中规中矩、没有任何语法错误的网站，在日常工作中很少会用到这种方法，大多数网站也不支持 Xpath 方式的采集，不推荐使用。

6. 列表分页获取规则

列表分页功能可以一次性采集多页内容。比如 SEO 人员想获取前 6 页的文章链接，可在页面上单击右键查看源代码，找到分页代码，将第 1 页开头具有唯一性的代码写入“从（*）”一栏，将第 6 页结尾具有唯一性的代码写入“到（*）”一栏，<a href>标签中的地址用[参数]代替，如图 7.26、图 7.27 所示。

```
        <div class="shpa">
            <a href="javascript:void(0);" class="prev disable">&lt;</a><a href="javascript:void(0);"
class="current">1</a><a href="http://www.mobiletrain.org/about/info/index_2.html">2</a><a
href="http://www.mobiletrain.org/about/info/index_3.html">3</a><a
href="http://www.mobiletrain.org/about/info/index_4.html">4</a><a
href="http://www.mobiletrain.org/about/info/index_5.html">5</a><a
href="http://www.mobiletrain.org/about/info/index_6.html">6</a><a
href="http://www.mobiletrain.org/about/info/index_100.html">... 100</a><a
href="http://www.mobiletrain.org/about/info/index_2.html" class="next">&gt;</a>          </div>
        <p> </p>
        <p> </p>
```

图 7.26　获取第 1 页和第 6 页的代码

列表分页获取一般与手动获取同时使用，都是基于网站源代码进行的，采集的网址更准确，如图 7.28 所示。

图 7.27　列表分页获取规则

图 7.28　列表分页采集的网址

7.2.4 采集内容的规则

采集内容的规则

采集内容是在火车采集器中常用的功能，操作方法多样，主要包括前后截取、正则提取、可视化提取、正文提取和标签组合五种方式，SEO 人员可以根据采集的内容来选择最佳的数据提取方法。单击左上角“添加”按钮可以进入设置规则的界面，如图 7.29 所示。

1. 提取数据方式

（1）前后截取

前后截取是对文章开头文字和末尾文字的相关代码进行截取。如图 7.30 和图 7.31 所示，文章开头文字是“新华社北京 8 月 2 日电”，末尾文字是“取消录取资格或者学籍”，通过右键单击查看源代码即可查看到相应的文字代码。

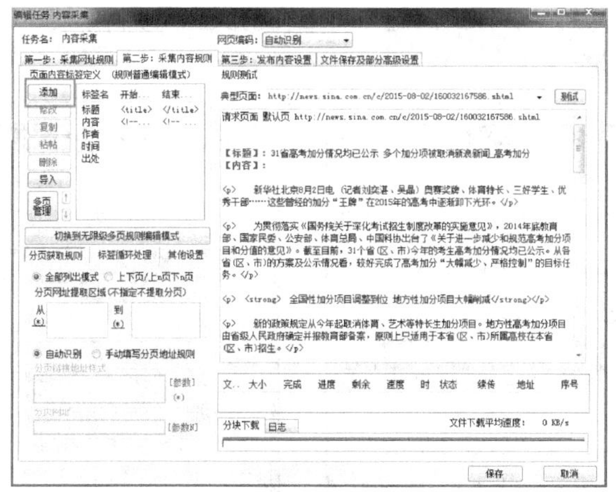

图 7.29　采集内容规则

```
<!-- publish_helper name='原始正文' p_id='1' t_id='1' d_id='32167586' f_id='3' -->

<p>　新华社北京8月2日电（记者刘奕湛、吴晶）奥赛奖牌、体育特长、三好学生、优秀干部……这些曾经的加分“王牌”在2015年的高考中逐渐卸下光环。</p>
```

图 7.30　开关文字代码

```
<p>　教育部有关负责人强调，近期，教育部将开展高考录取检查，对考生加分资格公示等工作进行重点督查。同时，教育部重申，对资格造假问题，要发现一起，查处一起。
格；入学前发现的，取消入学资格；入学后发现的，取消录取资格或者学籍。</p>

<p> </p>
<!-- publish_helper_end -->
```

图 7.31　末尾文字代码

在设置采集规则时，填入的代码信息应具有唯一性。文章开头的代码<!-- publish_helper name='原始正文' p_id='1' t_id='1' d_id='32167586' f_id='3' -->符合要求，所以选择此段代码为开始字符串，文章 ID 全部用（*）代替。文章末尾的代码<!-- publish_helper_end -->同样具有唯一性，所以作为结束字符串，如图 7.32 所示。

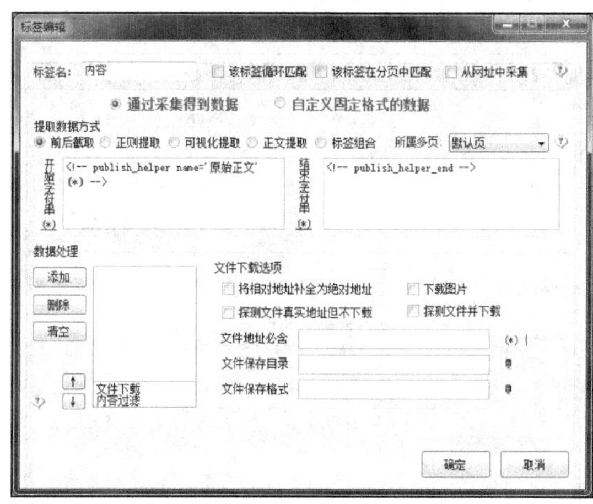

图 7.32　前后截取规则

单击“确定”按钮，再单击“测试”按钮就可以查看采集到的内容，如图 7.33 所示。

前后截取是工作中常用的数据提取方法，操作灵活，适合所有的文章内容提取。

（2）正则提取

正则提取是前后截取的延伸，范围广泛，可以在前缀和后缀中间加入若干个参数，参数间可以互相交换顺序，如图 7.34 所示。

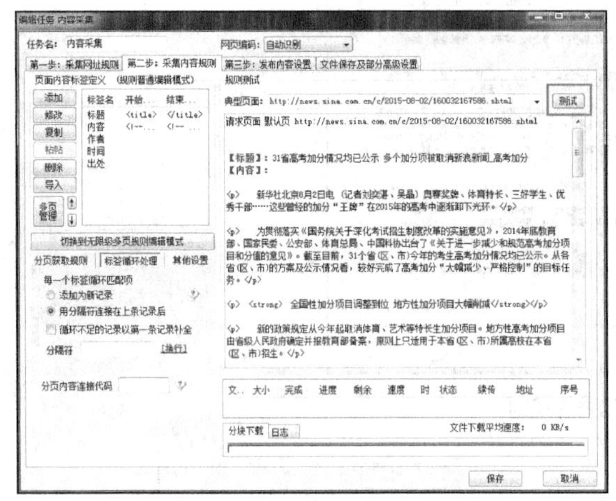

图 7.33　采集到的文章内容

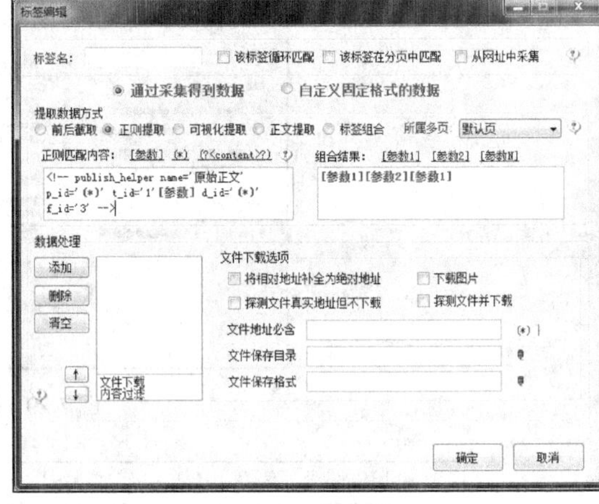

图 7.34　正则提取

（3）可视化提取

可视化提取在工作中很少用到，它只适用于闭合标签，而现在的网站大多采用开放或半开放式标签，所以大部分网站不适用可视化提取。

（4）正文提取

正文提取有自己的一套提取规则，它更适用于新闻类文章的提取，可以直接提取标题、提取文章内容、提取发表时间。

（5）标签组合

标签组合中的标签是通过用户设置或其他方式获取的，包括[标签:标题]、[标签:作者]、[标签:时间]等，比较适合提取文章主要信息，如图 7.35 所示。

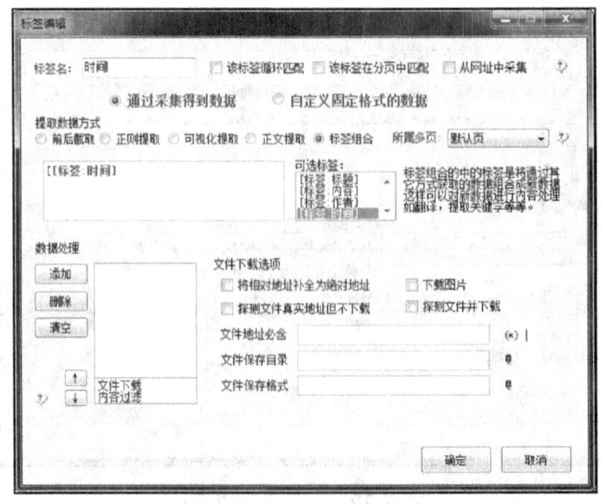

图 7.35　标签组合

2. 内容替换

在进行整篇文章的采集时，经常会采集到一些并不需要的语句，内容替换可以很好地解决这一问题。比如采集到的文章标题是“31 省高考加分情况均已公示|高考加分_新浪新闻”，双击图 7.33 左侧的“标题”一栏即可进入标签编辑对话框，把“|高考加分_新浪新闻”去掉，如图 7.36 和图 7.37 所示。

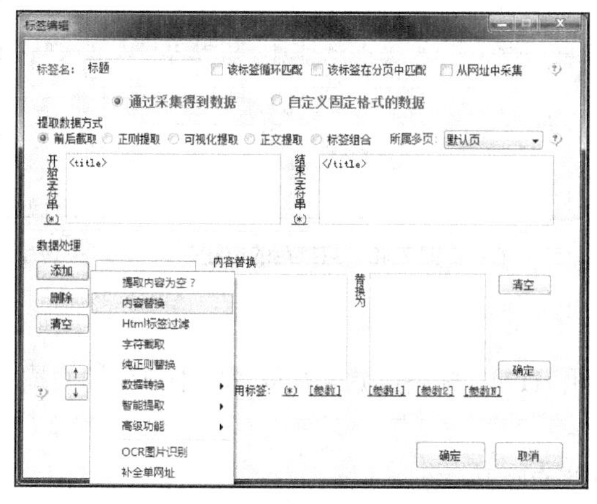

图 7.36　单击“添加”→“内容替换”

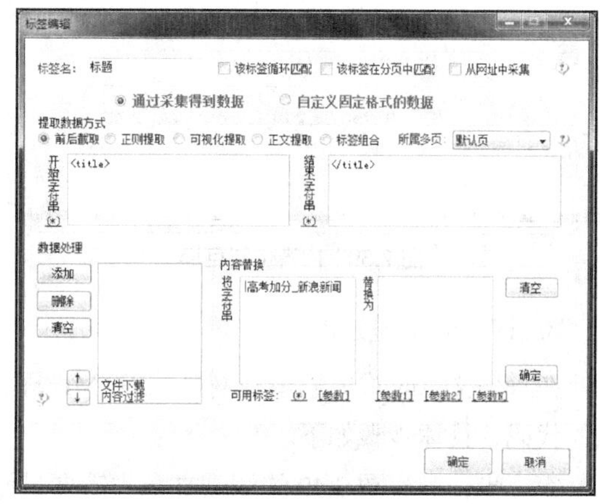

图 7.37　内容替换

如图 7.36 和图 7.37 所示，将欲替换内容放在“内容替换”左侧文本框中，右侧文本框空白，单击“确定”按钮后可以查看替换后的结果，如图 7.38 所示。

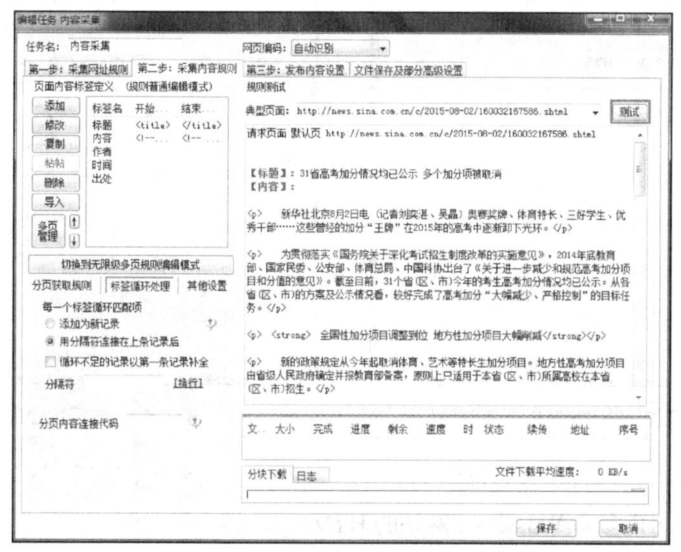

图 7.38　替换内容已删除

如果在上面的例子中，欲替换内容包含数字或者字母等符号，比如欲替换内容为“高考加分 123a_新浪新闻”，那放在左侧文本框里的字符串应是“高考加分（*）_新浪新闻”，替换为空。

如果想将两个内容互换位置，比如将“高考加分”和“新浪新闻”互换，则字符串如图 7.39 和图 7.40 所示。

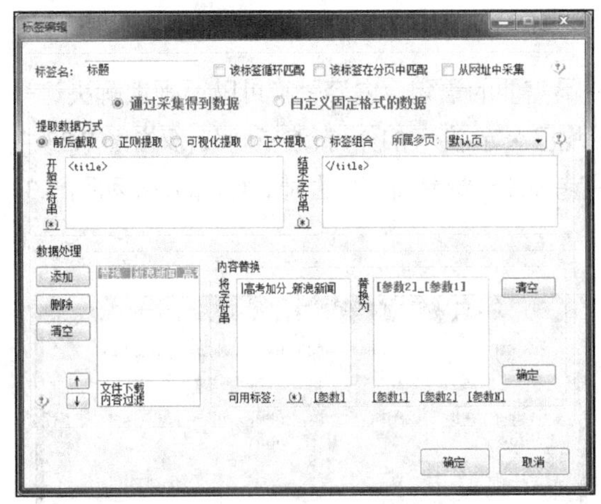

图 7.39　内容位置互换

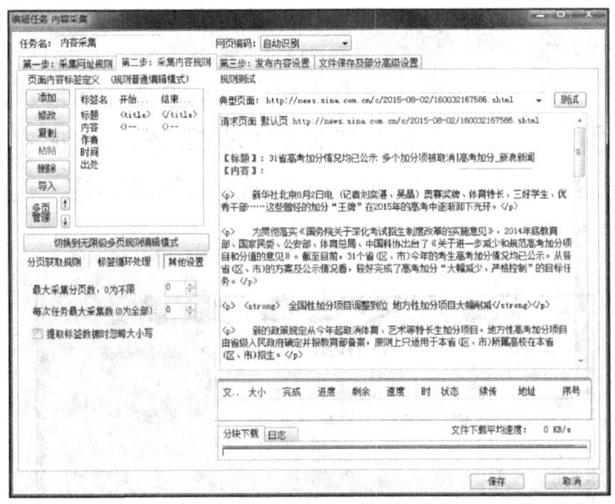

图 7.40　互换后的位置

3. HTML 标签过滤

在采集文章时难免采集到网页的 HTML 标签，使用 HTML 标签过滤功能就可以很方便地去掉没用的代码，具体步骤如下。

第一步，观察图 7.40 的测试文章中需要过滤的标签有哪几种。

第二步，双击图 7.40 左侧的“内容”一栏，然后单击“添加”→“HTML 标签过滤”，选择需要过滤的标签，单击“确定”按钮，如图 7.41、图 7.42 所示。

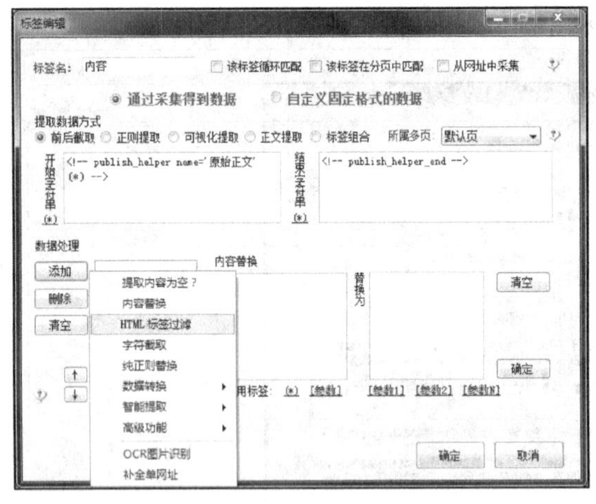

图 7.41　单击“添加”→“HTML 标签过滤”

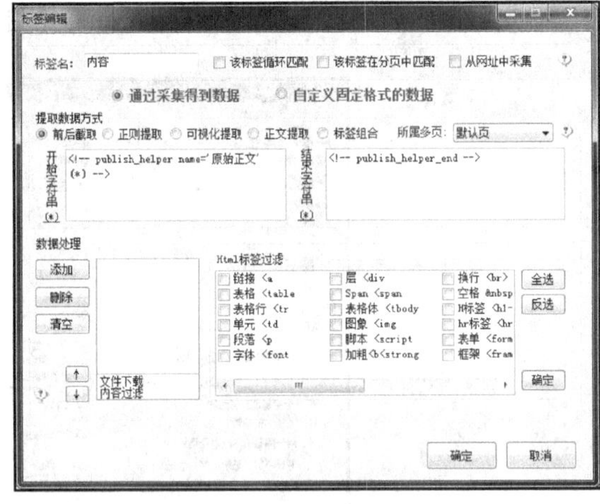

图 7.42　选择需要过滤的标签

为了保证文章的格式，有一些 HTML 标签不宜过滤掉，如表 7.3 所示。读者如果想对 HTML 标签有更全面的了解，可以参考 W3school 网站的 HTML 系列教程。

表 7.3　　常用的 HTML 标签

HTML 标签	定义
<p></p>	一般指的是语句或者段落
 	简单的折行，相当于回车键
	空白，控制段落或语句的间隙，防止文字太挤
<img>	图片属性

4. 字符截取

字符截取更适用于某个段落的截取，操作原理与数据提取方法中的前后截取一致，都是选择开头和末尾的代码，字符截取菜单项如图 7.43 所示。

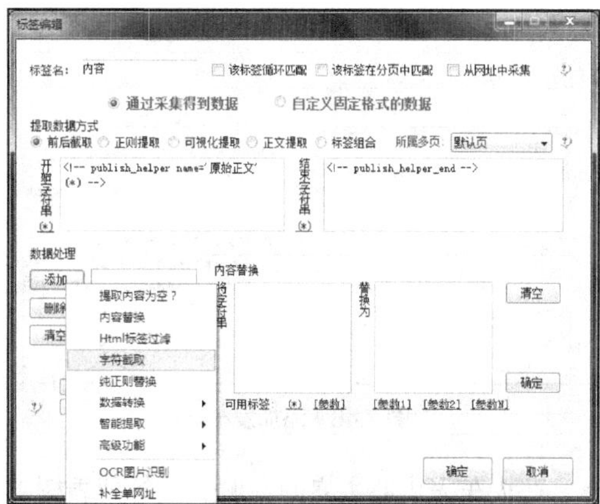

图 7.43　字符截取

数据提取方法、内容替换、HTML 标签过滤以及字符截取都是火车采集器中常用的功能，其他采集规则都是建立在它们的基础之上。SEO 人员应根据所采集内容的类型选择合适的方法，快速对资讯类网站进行内容填充。

7.2.5　发布内容设置

发布内容设置和文件保存及部分高级设置

通过火车采集器发布内容主要有三种方式：Web 在线发布、保存为本地文件发布以及导入自定义数据库发布。

1. Web 在线发布

在编辑任务对话框中单击“第三步：发布内容设置”选项卡，然后勾选“方式一：Web 在线发布到网站”前面的“启用”复选框，单击“Web 发布配置管理”，在弹出的对话框中填写自己网站的相关信息，再单击“保存配置”按钮，网站根地址可以是自己网站的域名或者本机地址，最后单击“添加发布配置”按钮，如图 7.44、图 7.45、图 7.46 所示。

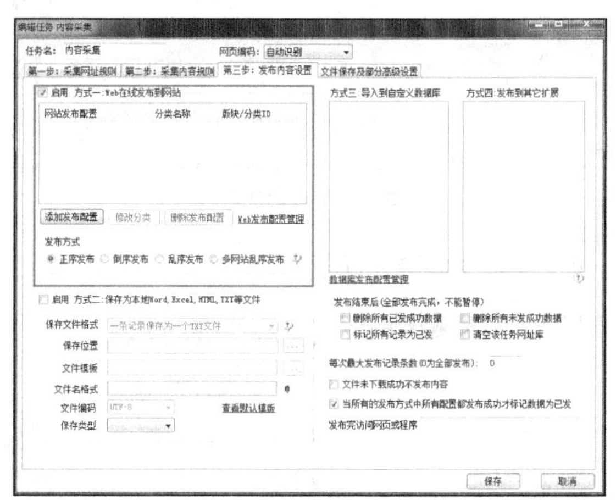

图 7.44　Web 在线发布

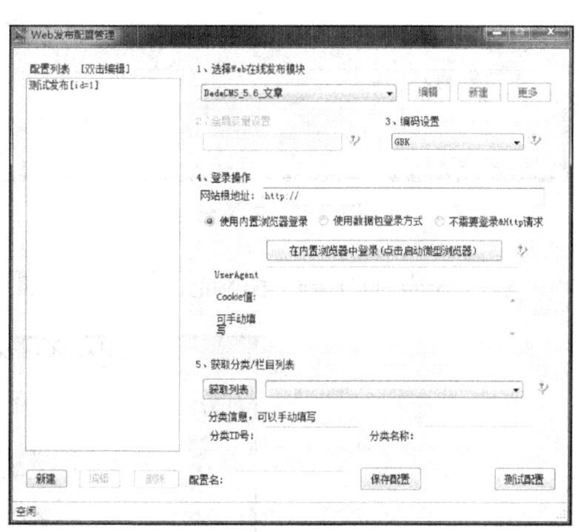

图 7.45　Web 发布配置

2. 保存为本地文件发布

勾选“方式二：保存为本地 Word，Excel，HTML，TXT 等文件”前面的“启用”复选框，在桌面创建以“TXT”命名的文件夹，保存文件格式选择“一条记录保存为一个 TXT 文件”，保存位置选择 TXT 文件夹所在路径，文件模板选择火车采集器默认 TXT 模板，文件名格式一般是“[标签：标题]”或“[标签：内容]”，文件编码与网站编码一致，一般选择 UTF-8，最后单击“保存”按钮，如图 7.47 所示。

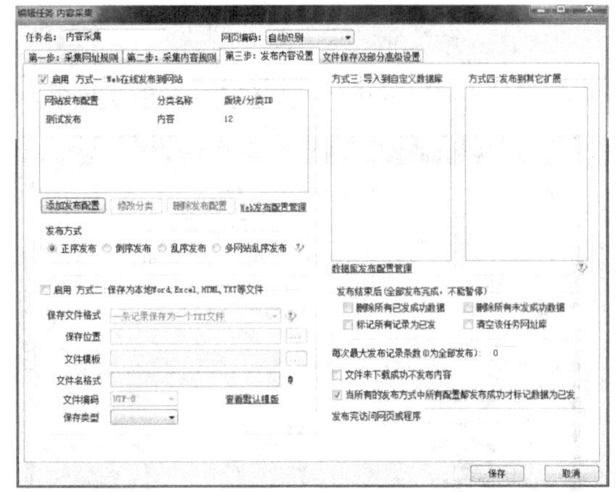

图 7.46　添加发布配置

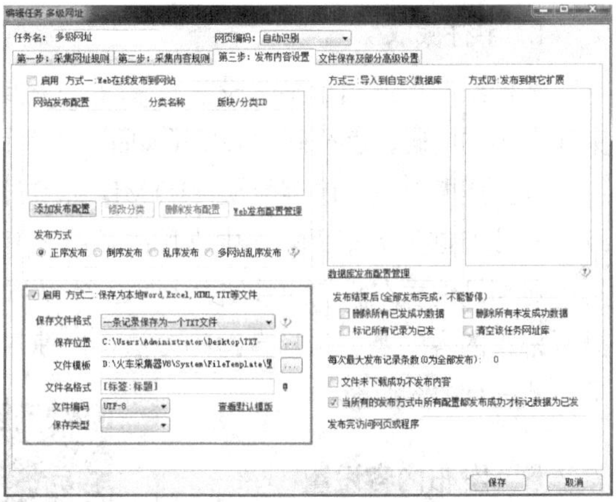

图 7.47　保存为本地文件

在火车采集器主界面左侧的任务列表树中找到采集内容的分组，勾选“采网址”“采内容”“发布”3 个复选框，在该分组上单击右键，单击“开始任务”，即可采集网址和内容，如图 7.48、图 7.49 所示。

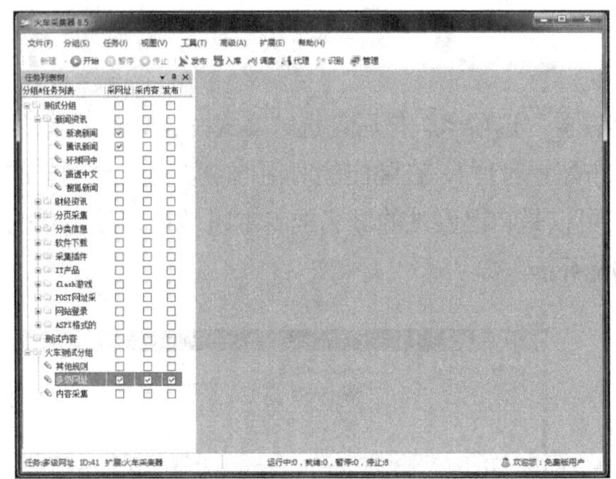

图 7.48　找到分组

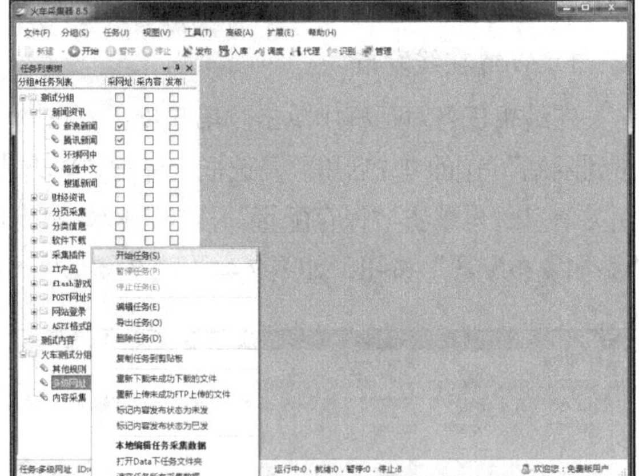

图 7.49　开始任务

首先采集到的是起始网址，然后是分页网址和网址内容，如图 7.50 所示。

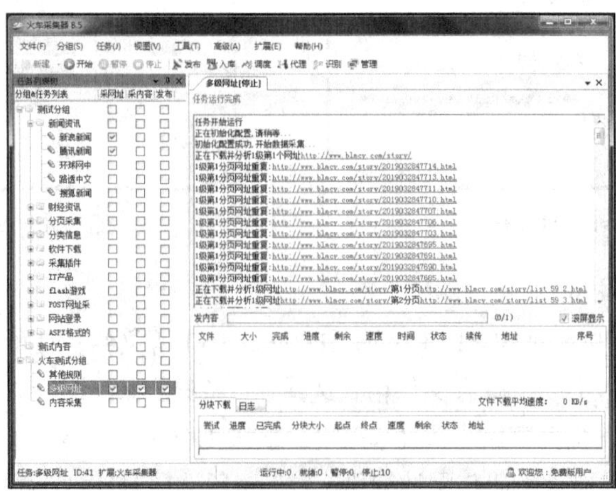

图 7.50　成功采集网址和内容

打开先前创建的 TXT 文件夹可以发现，采集的网站内容从全部以 TXT 格式整理出来，如图 7.51 所示。

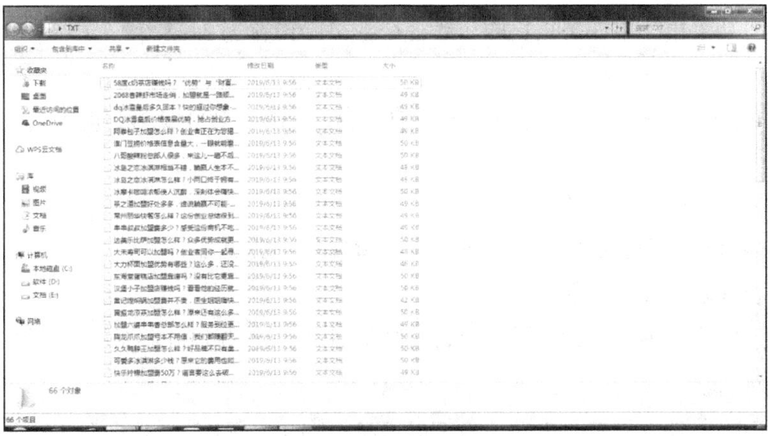

图 7.51　TXT 文件夹中的采集内容

保存为本地文件发布有 5 种方法，分别是保存为 TXT 文件、Word 文件、Excel 文件、HTML 文件以及 CSV 文件，每种方法操作基本相同，SEO 人员选择适合网站采集的形式即可，若保存的文件显示乱码，可以通过修改文件编码解决。

3. 导入自定义数据库发布

这一方法是在 MySQL 数据库的基础上操作，而很多 SEO 人员对数据库并不了解，所以导入自定义数据库发布并不常用。

7.2.6　文件保存及部分高级设置

1. 任务运行时线程设置

在任务运行时，采集数量过多、速度过快会直接影响采集和发布，同时本地数据库也会受到影响，建议根据网速调整自己的线程，如图 7.52 所示。

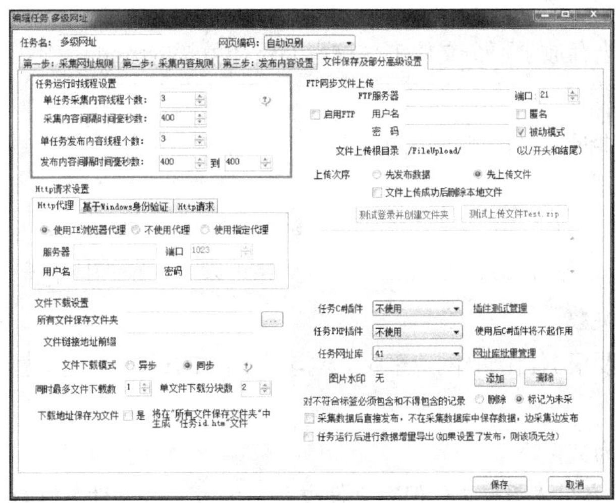

图 7.52　任务运行时线程设置

（1）单任务采集内容线程个数

单任务采集内容线程个数即采集对方网站时每毫秒抓取的内容个数，数量太多会影响对方网站网速。为了保证成功采集，单任务采集内容线程个数一般设置为 3～8 个。

（2）采集内容间隔时间毫秒数

采集内容间隔时间毫秒数规定间隔多久抓取内容，1 秒=1 000 毫秒，设置为 5 000 最佳，也就是 5 秒。

（3）单任务发布内容线程个数

单任务发布内容线程个数最好与单任务采集内容线程个数保持一致。

（4）发布内容间隔时间毫秒数

如果网站网速较好，内存较大，可以设置较短的时间，比如 1 000～3 000 毫秒。

2. **文件下载设置**

文件下载设置主要规定网页内容存放位置以及是否同步，如图 7.53 所示。

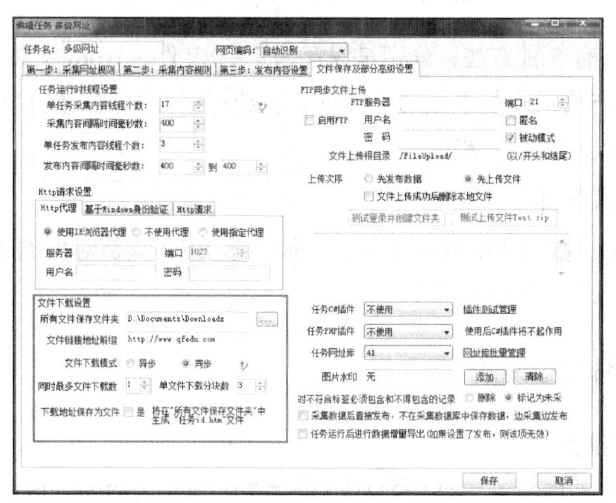

图 7.53 文件下载设置

（1）所有文件保存文件夹

采集的所有内容应当存放于哪个文件夹，这里的路径就指向哪里。

（2）文件链接地址前缀

文件链接地址一般都是以网站域名作为前缀。

（3）文件下载模式

尽可能选择“同步”。同步的意思是采集完一篇文章的内容和图片后再采集下一篇；异步的意思是全部一起采集下载，对于图片量较大的网站来说，异步容易出现图片混乱或遗漏的情况。

（4）单文件下载分块数

单文件下载分块数要根据自己的网速来定，网速比较慢的话可以设置为 10 以上，网速正常可以设置为 3～5。

（5）下载地址保存为文件

如果选择了“是”，将在“所有文件保存文件夹”中生成.htm 文件。SEO 人员可根据网站需求选择，一般情况下不选择。

3. FTP 同步文件上传

要想了解文件传输协议（File Transfer Protocol，FTP）同步文件上传，首先要知道 FTP 服务器是什么。FTP 服务器用来在两台计算机之间传输文件，必须有网站站点才能在本机设置 FTP 服务器。将 FTP 服务器、用户名和密码填写正确，然后勾选“启用 FTP”即可，如图 7.54 所示。高级设置仅支持个人版以上的版本，不支持免费版本。

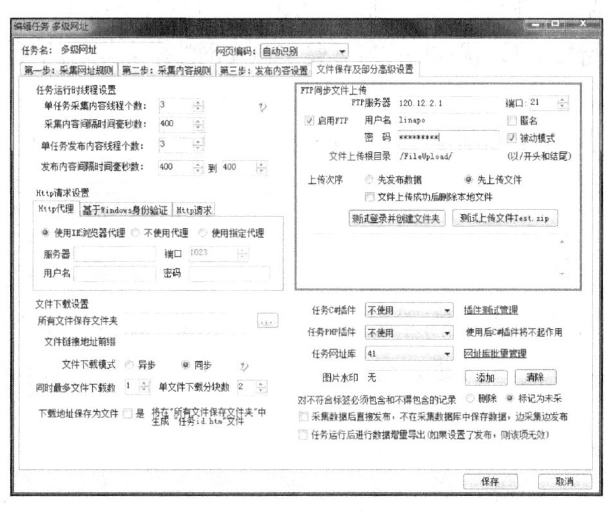

图 7.54 FTP 同步文件上传

4. 采集图片批量添加水印

如果想为图片添加水印，首先在图 7.40 中双击“内容”一栏，打开标签编辑对话框，然后勾选“下载图片”，如图 7.55 所示。

然后在图片要添加水印的位置单击“添加”，就可以为图片批量添加水印，如图 7.56 所示。需要注意，系统自动识别图片大小，对尺寸较小的图片是不予添加的。添加水印功能仅支持个人版以上的版本，不支持免费版本。

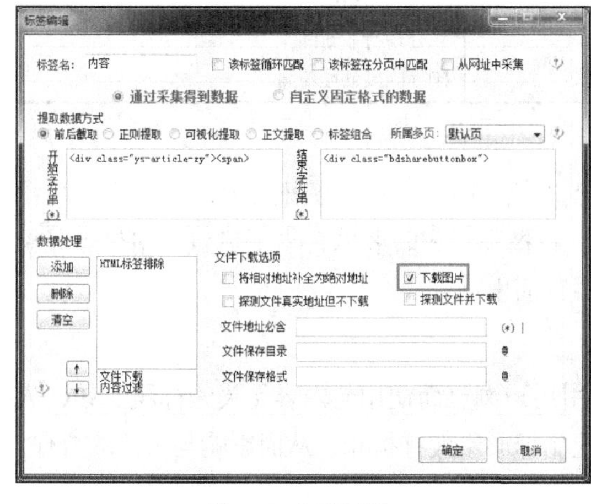

图 7.55 下载图片

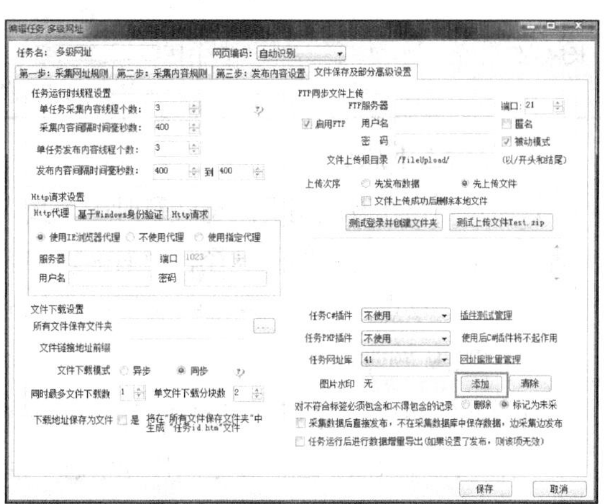

图 7.56 图片添加水印

以上就是火车采集器的全部内容。火车采集器采集文章内容准确，数量大，速度快，对新建成的资讯类网站有很大的帮助。但是采集内容只能暂时填充网站的板块，不能作为文章的主要来源，只适合网站前期使用，后期网站排名还要看文章原创度高低。

内容为王

7.3 内容为王

资讯类网站与个人站或企业官方网站不同，其优化工作也有自身的特点，SEO 人员在操作中要具备拓展性思维，优质的内容才是资讯类网站排名靠前的关键，而这也是 SEO 工作中的最大难点。

网站结构、内链设置、关键词制定以及页面架构优化等都是 SEO 人员可控制的，但高质量的文章却可遇不可求。

7.3.1 内容创造

对于资讯类网站而言，文章内容是网站生存的基石，也是网站的灵魂。在如今的 SEO 领域，内容为王，抄袭、作弊时代已经一去不返，搜索引擎更注重文章内容的质量，内容创新是让网站脱颖而出的最好方法。

1. **提取产品关键词**

要想准确提取产品关键词，SEO 人员必须对自己的产品有很深的了解，以环保资讯类网站为例，环保包括环保产品和环保政策，环保产品包括水处理设备、大气处理设备以及环境监测设备等，环保政策主要是当下热门的环保新闻等，SEO 人员可以根据这些信息，挖掘出与平台相符的长尾关键词，并制定长尾关键词表，如表 7.4 所示。

表 7.4 长尾关键词表

目标关键词	水处理设备	环保新闻
应用领域	医院、餐饮商铺、工厂	水处理行业、固废处理行业等环保行业
应用地区	北京、上海、山东……（全国地区）	全球
长尾关键词	北京水处理设备 医院水处理设备 上海餐饮水处理设备	国内环保新闻 水处理行业新闻 国际固废处理新闻

2. **结合当下热点**

众所周知，在互联网上浏览文章时大多数人愿意点击热度高的新闻，资讯类网站的文章是日常生活中人们获取外界新闻的途径，应有一定的前瞻性，在撰写内容时要结合当下热点，用热点吸引点击，如果文章点击量高，网站的品牌也会在同行中脱颖而出。

3. **不做标题党**

“标题党”是近年来新出现的词汇，指的是为了吸引用户浏览而使用与内容无关的标题。SEO 人员不可采取这种做法，这样会造成传递信息不准确，让品牌形象大打折扣，从而影响与客户的合作。

7.3.2 原创内容

如果说哪种文章最容易被搜索引擎收录，那一定是原创且有阅读量的文章，发布原创文章是网站走上正轨的第一步。对于资讯类网站来说，原创文章可以让网站快速获得高排名。原创文章内容要根据网站主题和新闻来撰写，比如网站主题是“网站运营 SEO”，那文章内容就要与 SEO 紧密相关，又比如网站是以环保为主题，文章内容就可以结合当下环保新闻来定。

资讯类网站有一点很重要，那就是实时性。最好可以在同行中第一个发布，这样的内容不仅会有高点击量，还能率先被搜索引擎收录，为网站带来较大的流量。

7.3.3　伪原创内容

资讯类网站每天要有至少 15 篇文章更新，对于 SEO 人员来说，十几篇纯原创文章无疑是不小的工作量，为了保证更新数量和文章质量，要学会打造伪原创文章。

1. **有技巧地使用伪原创工具**

伪原创工具在编写文章时主要起辅助作用，它的主要原理是将相同的词改为相近的词，比如“如果”这个词，在伪原创工具中单击“生成伪原创”就会被转换成“假如”等相近的词，如图 7.57、图 7.58 所示。

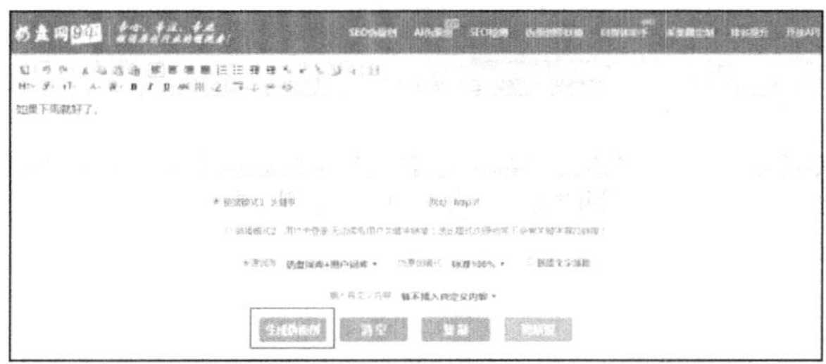

图 7.57　单击“生成伪原创”

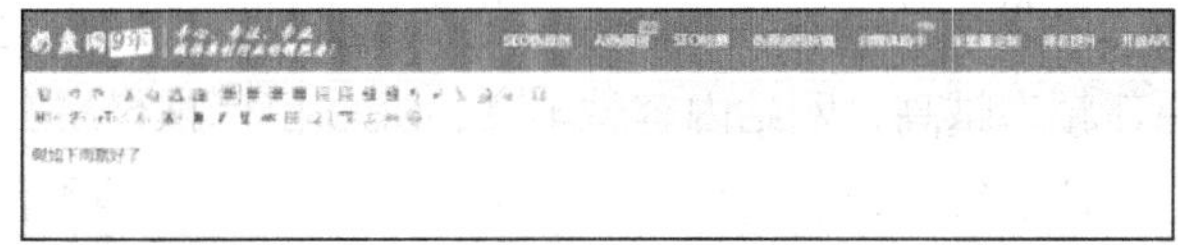

图 7.58　生成结果

伪原创工具大多有强大的同义词词库，可在不改变核心内容的情况下生成伪原创文章。生成文章后一定要人工通读，避免语句不通顺，影响用户体验。

2. **伪原创内容修改**

根据百度搜索引擎飓风算法，采集文章比例过高或者内容抄袭严重都会影响网站权重，所以网站伪原创内容也要保证原创度在 60%以上。通过以下的方法可以提高伪原创内容的收录率。

（1）标题修改（完全重写）

标题是文章的重点，要求全部原创，标题要包括长尾关键词或者目标关键词，文章应该围绕关键词进行修改或撰写。

（2）段落重新排序

打乱段落顺序，让文章看起来与原文有所不同，但要保证语句通顺，内容与关键词有关。

（3）首段修改

文章首段是搜索引擎最先抓取的位置，权重很高，首段最好是原创内容，字数控制在 300 字以内，首段前几句一定要出现一次关键词。

（4）最后一段尽量原创

文章结尾的段落对用户体验极其重要，所以要保证原创度，末段要出现 1~2 次关键词。

（5）文字简单修改

在不影响用户浏览体验的情况下，可以对原文的一些词语进行删减或修改。

修改好的内容还需要利用网上的原创度检测工具查看，保证原创度在 60%以上，如图 7.59 所示。

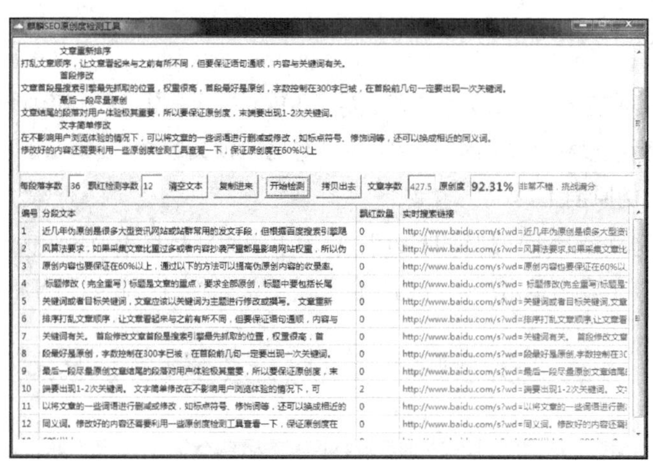

图 7.59 麒麟原创度检测工具

7.3.4 文章更新频率

对于资讯类网站来说，网站文章更新是至关重要的。有些 SEO 人员认为随便更新一下文章就可以，其实这样后果很严重，大批量的一次性更新会引起作弊嫌疑，而每个月或每两个月才更新一次会使网站活跃度过低。更新频率越高，网站内容越丰富，SEO 目标越容易实现。

网站前期内容页要有规律地每日定点更新，并且保证每天至少 5 篇原创文章，文章内容要与网站主题相关，原创度在 60%以上。不要为了更新而更新，每天更新的内容都应该有可读性。

7.3.5 内容锚文本

内容锚文本也就是文章内链，内容锚文本的重要性很多 SEO 人员都了解。资讯类网站文章较多，在操作中就更应重视内链结构，良好的内链可以引导关键词集权，提高内页收录量和排名。

1. 链接指向

很多人认为关键词锚文本链接应该指向网站首页，这样可以提高网站首页权重，其实这种方法对首页集权的作用不大，锚文本链接应该指向与内容相关的栏目页。资讯类网站的栏目类型很多，比如北极星环保网，这是一个站群式资讯类网站，有“固废”“水处理”“大气”等栏目，文章关键词是“垃圾处理”，那锚文本链接应指向固废栏目。

2. 手动创建锚文本

有些网站为了节省时间批量生成文章内链，所有锚文本链接指向同一页面，这样容易造成关键词堆砌，招致作弊惩罚。SEO 人员要根据文章内容的相关性来确定锚文本链接的指向，而锚文本应尽量选择本文的长尾关键词。

内容页内链设置合理可增加搜索引擎对网站的好感度，页面相关性越强，越容易有排名，而且合理的内链结构可以引导用户浏览其他页面，增加用户黏度。所以，资讯类网站的内部结构要围绕相关性展开，这也是体现 SEO 人员技术功底的地方。

3. 锚文本数量

锚文本在网站中主要起传递权重的作用，所以数量不宜过多。因为锚文本链接大多指向栏目页、内容页等内页，权重较低，如果一篇文章锚文本链接过多，会分散网站权重。综合来说，一般一篇文章可以添加 1～3 个锚文本链接，但锚文本不宜重复，如果只想针对同一长尾词进行锚文本链接设置，可以采用文章推荐的方式，如图 7.60 所示。

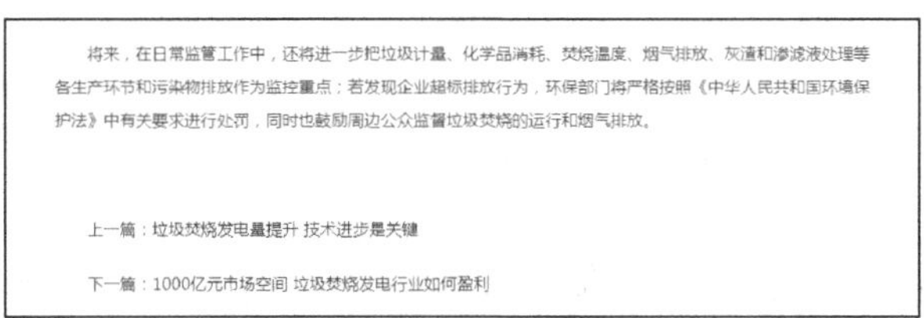

将来，在日常监管工作中，还将进一步把垃圾计量、化学品消耗、焚烧温度、烟气排放、灰渣和渗滤液处理等各生产环节和污染物排放作为监控重点；若发现企业超标排放行为，环保部门将严格按照《中华人民共和国环境保护法》中有关要求进行处罚，同时也鼓励周边公众监督垃圾焚烧的运行和烟气排放。

上一篇：垃圾焚烧发电量提升 技术进步是关键

下一篇：1000亿元市场空间 垃圾焚烧发电行业如何盈利

图 7.60　文章推荐

7.4　链接为辅

网站优化除了写高质量原创文章以外，还要保证内外链设置，合理的链接结构对网站排名有很大的帮助。

7.4.1　内链设置

1. 首页内链布局

首页是网站中权重最高的页面，这主要是因为首页内链较多，同时其他内页都有指向首页的链接。首页内链位置主要包括导航栏、分类目录、网站次导航、文章推荐等，这些内链可以将用户引入网站内页，增加用户友好度，如图 7.61 所示。

图 7.61　首页内链布局

2. 栏目页内链布局

资讯类网站内容较多，所以通常情况下资讯类网站栏目页也可以使用首页的优化方式。在布局栏目页内链时要保证每个内容都与栏目主题吻合。

3. **内容页内链布局**

内容页间相互链接可以有效地提高网站黏度。在布局内容页内链时要遵守相关性原则，内容与内容相关，资讯类网站内容页内链通常采用相关推荐以及面包屑导航的形式。

相关推荐可以刺激用户再次点击，降低网站跳出率。

面包屑导航可以告诉用户当前页面位置，还可以直接返回栏目页或首页，提升用户体验，也有利于引擎蜘蛛爬行、抓取。

网站内链可以指引引擎蜘蛛爬行到每一个页面，利于增加内页的曝光度并提高内页权重。在进行内链设置时应注意以下两点。

（1）相关性

内链指向一定要与页面内容相关。

（2）分散自然

内链设置不要过于刻意，影响用户浏览体验。

7.4.2 友情链接

友情链接是外链的一种，有利于流量的导入。资讯类网站在选择友情链接时应尽量选择与资讯相关的平台。如果是新闻资讯类网站，友链可以选择人民网、四川新闻网、东方网等新闻为主的网站；如果是专业性的资讯类网站，要选择与专业相关的网站互换链接。在选择平台时还要注意方法。

1. **平台选择**

平台选择是重点，所谓“近朱者赤，近墨者黑”，友情链接正是如此，如果友链方网站被降权，自身网站同样会受到影响，所以在选择平台时一定要谨慎。

（1）相关性

这是选择友链的首要因素，应查看对方网站内容是否与自身网站内容有一定的关联，如果没有任何关联性，建议摒弃。

（2）网站权重

网站权重的高低直接反映出网站结构是否严谨、内容受欢迎程度以及关键词排名情况，在众多同行网站中，可以优先选择权重较高且有内容更新的平台。

（3）对方友链数量

如果对方友链数超过 30 个，建议不要与之做友情链接，友链数量过多会造成流量分散、权重分散，与这样的网站做友情链接对提升自身网站没有太大用处。

（4）网站更新频率

正常的资讯类网站更新量应该是每天至少 20 篇文章，如果对方网站一个星期才更新一篇文章，要谨慎考虑。

（5）友链是图片

如果对方是以图片形式来展示友情链接的，建议不要互换链接，图片链接不仅会影响网速，还不利于引擎蜘蛛抓取页面。但对于流量较大的资讯类网站来说，友情链接适合采用图片形式。

2. 获取平台的方法

（1）熟人介绍

SEO 人员接触的大多是同行，每个网站都会有交换链接的需求，可以通过熟人介绍的方式找到适合的友链方。

（2）QQ 群

QQ 现在是主流的联系平台，可以进入专门的友情链接群提出交换链接的需求，快速寻找友链方，如图 7.62 所示。

图 7.62　友情链接群

（3）搜索引擎

可以通过在百度搜索引擎或谷歌搜索引擎搜索关键词寻找合适的平台，并联系对方站长交换链接，如图 7.63 所示。

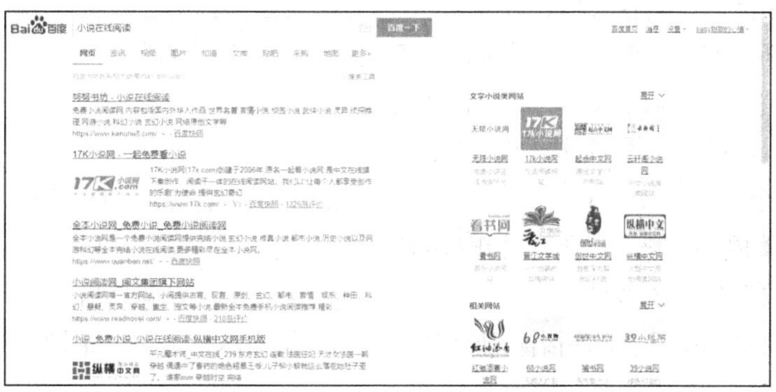

图 7.63　搜索引擎查找方式

资讯类网站如果流量较大，友链可以选择用图片形式，更有利于品牌宣传。友情链接的数量要循序渐进，一周添加 3 个最佳，每个链接都应以新窗口的形式打开。

7.5　本章小结

本章对资讯类网站 SEO 方向进行了详细讲解，首先介绍了网站关键词的选择、TDK 标签写法以及网站结构优化等，接着介绍了火车采集器，然后对资讯文章撰写展开了详细介绍，最后介绍了友情链接选择方法。通过对本章知识的学习，读者可以轻松掌握资讯类网站的优化方向。

资讯类网站是当下比较热门的网站形式，不管是新闻站、美食站、论坛站还是站群，都适合用这些优化方法。掌握其中的优化原则和技巧，就能快速实现 SEO 效果。

7.6 习题

1. **填空题**

（1）获取友情链接的方法包括________、________、________。

（2）资讯类网站最好采用________网站结构。

（3）撰写内容时需要注意________、________、________。

（4）降低网站跳出率的方法之一是________。

（5）在资讯类网站 SEO 中，确定网站关键词包括确定网站________的目标关键词和确定网站各个________的关键词。

2. **选择题**

（1）在资讯类网站中，内容页锚文本链接宜指向（　　）。

A. 首页　　B. 相关栏目页　　C. 标签页　　D. 随便一个网站页面

（2）文章原创度是（　　）有利于页面被收录。

A. 40%以上　　B. 50%以上　　C. 75%以上　　D. 60%以上

（3）如果网站是做新闻资讯的，最适合做友情链接的是（　　）。

A. 美食平台，网站每日都有文章更新

B. 地方新闻网，内容大多是转载

C. 国际新闻网，权重是 3，网站文章每日更新，原创内容居多

D. 环保资讯网，网站结构好，每两天更新一次内容

（4）一篇 500 字的文章，锚文本链接数量应该是（　　）。

A. 1～3 个　　B. 3～5 个　　C. 3 个以上　　D. 0 个

（5）关于资讯类网站优化，以下说法正确的是（　　）。

A. 每日文章发布越多越好　　B. 采集的文章可以占网站内容 50%以上

C. 只要文章写得好，网站结构随便设置　　D. 锚文本链接不一定指向首页

3. **思考题**

（1）简述新闻类网站如何进行网站优化。

（2）资讯类网站需要做外链吗？

第 8 章　移动端 SEO 实战

本章学习目标

- 了解移动端 SEO 内容
- 掌握微信 SEO 的技巧
- 理解 ASO 的定义

随着科学技术的快速发展，人们的生活习惯发生了重大改变，从传统的计算机浏览到如今的手机阅读，移动端成为企业网站流量的主要渠道。本章将对移动端 SEO 进行深入讲解，让读者了解移动端 SEO、微信 SEO 以及 ASO（App Store Optimization，应用商店优化）的区别与操作方法。

移动端 SEO

8.1　移动端 SEO

如今大家都通过手机浏览新闻，寻找产品，移动端的用户资源远远超过 PC 端。很多 SEO 新手对移动端很陌生，他们大部分时间都在开展 PC 端优化工作，忽略了当下移动端占比高市场形势，同时丢失了很多移动端流量。所以，移动端 SEO 必须得到重视。

8.1.1　移动端与 PC 端不同点

移动端排名原理和 PC 端排名原理是一样的，共用同一套搜索引擎数据库，这也是为什么有的 PC 端排名会同步到移动端页面。移动端优化方式和平台的不同也会影响网站排名。

1. **地域定位不同**

移动端通过位置共享获取用户地区，定位更精准；而 PC 端是通过计算机 IP 地址获取。

2. **相关搜索不同**

用户搜索关键词时，PC 端下拉框内的相关搜索关键词与移动端不一致，这是因为移动端相关搜索是根据手机用户搜索习惯而推荐的，相对来说，移动端的相关搜索更精准。

3. 关键词排名不同

SEO 人员在搜索自己网站的关键词时会发现移动端和 PC 端关键词排名不一致，出现这种情况通常是因为竞争对手中有优质的移动端网站，其排名更靠前。

8.1.2 官方网站移动端优化

移动端不同于传统的 PC 端，它基于 PC 端却又有自己的特点。企业想做移动端首先要有 WAP（Wireless Application Protocol，无线应用协议）网站，如果将 PC 端网站直接搬过来，会在很大程度上影响用户体验，移动端 SEO 也很难有效果。官方网站移动端优化要遵循以下几点原创。

1. 独立移动站

建立独立移动站是为了避免发生移动端页面变形的情况。企业设置独立的移动站不仅看上去正规，对优化也很有帮助。如果企业只想花一份钱，建议把网页宽度改为 100%，这样在保证移动端页面效果的同时也不会影响 PC 端的浏览效果。

（1）移动适配

移动适配就是向百度搜索引擎提交主体内容一致的 PC 端页面和移动端页面的对应关系，比如 PC 端页面 www.123.com/1.html 和移动端页面 m.123.com/1.html 内容一致，这两者要做移动适配，具体方法示例如下。

```
http://www.123.com/1.html http://m.123.com/1.html
http://www.123.com/1-11.html http://m.123.com/1-11.html
```

将以上内容以 TXT 格式提交给百度资源平台，提交入口如图 8.1 所示。

图 8.1 移动适配提交入口

移动适配要注意每行输入一对 URL，即一条 PC 端 URL 对应一条移动端 URL，主题内容一致，中间用空格隔开，一次最多输入 2000 对。

（2）域名优化

官方网站移动端域名要简短、便于记忆，方便引擎蜘蛛抓取，最好是企业品牌全拼或首字母，如 www.qfedu.com。

（3）URL 优化

移动端网站与 PC 端网站相同，全站 URL 均适用静态链接，应避免带“?”的动态 URL。

2. 打开速度

根据百度搜索引擎机制，页面打开耗时在 2 秒以内为佳，如果超过 3 秒会直接影响网站排名，3 秒以上的网站排名靠后。压缩网站图片的数量和大小，是网站提速的好办法。

3. 地域优化

地域优化主要体现在优化关键词上面，假设企业是做家政的，家政是地域性很强的服务行业，如果企业只针对杭州的客户，则在 head 标签中应加入定位代码，示例代码如下。

```
<head>
<meta name="location" content="province=浙江;city=杭州">
//企业站只会出现在定位是浙江省杭州市的互联网平台上
</head>
```

4. 代码优化

keywords 标签在移动端和 PC 端设置方法基本一致，移动端可以直接沿袭 PC 端的关键词内容。除了 keywords 标签，还要注意 head 标签、title 标签以及 description 标签的设置。

（1）头部文件优化

① PC 端

head 标签中的代码应标明移动端网址和指向，示例代码如下。

```
<head>
<meta name="mobile-agent"content="format=html5;url=https://m.qfedu.com"
//告诉搜索引擎当用户访问手机端时是这个移动端链接
<link rel="alternate"media="only screen and(max-width:640px) "href="https//m.qfedu.
com"/>
//当浏览设备最大宽度是 640px 时，访问移动端链接
</head>
```

以上 URL 格式只适用于网站首页，当页面为内页时，head 标签中的 URL 要更改，示例代码如下。

```
<head>
<meta name="mobile-agent"content="format=html5;url=https://m.qfedu.com/1-1.html"
//告诉搜索引擎当用户访问手机端时是这个移动端链接
<link rel="alternate"media="only screen and(max-width:640px) "href="https//m.qfedu.
com/1-1.html"/>
//当浏览设备最大宽度是 640px 时，访问移动端链接
</head>
```

通过上述两段代码可以发现，head 标签中的 URL 不是一成不变的，要根据页面的变化而变化。

② 移动端

移动端与 PC 端原理相同，下面以代码的形式说明两个对应的 URL。

```
<head>
<link rel="canonical"href="http://www.qfedu.com/>
//页面原始链接是 www.qfedu.com，也就是对应的 PC 端链接
</head>
```

以上代码展示了首页 head 标签，其中的 URL 随着页面不同而做出改变，代码中的 URL 与对应 PC 端 URL 保持一致。

（2）标题优化

这一点区别于 PC 端，因为移动端屏幕有限，所以标题要尽量简短，控制在 8 个汉字以内，包括目标关键词、网站名称以及页面核心内容。不同页面的标题也是不同的。

（3）描述优化

描述字数要控制在 50 个汉字以内，便于移动端引擎蜘蛛通过描述搜索到网站。移动端优化和 PC 端优化基本相似，需要注意文章内容与网站主题的相关性，做好关键词选取工作。

5. 页面优化

（1）页面要简洁。手机用户浏览页面的时间多是零碎时间，所以移动端页面要尽可能简洁，突出重点，让用户在短时间内能够清楚了解企业优势。

（2）文章标题要精简。移动端用户阅读窗口较小，所以在撰写标题时要尽量做到短而精。通常情况下移动端搜索引擎的搜索结果显示为 20 个中文字符，手机屏幕大小不同，显示内容长短不一。

（3）图片不要使用 GIF 格式，影响页面加载速度。

8.1.3 检查移动端优化情况

1. 移动端收录情况

在移动端百度中查看网站收录的是否是移动端 URL，如果是说明移动端优化正确，否则错误。在百度搜索框中输入“site:移动端网址”，如图 8.2 所示。

图 8.2 查看移动端收录情况

2. 站内链接查看

全面检查移动端企业站，每个页面、每个链接都要确定对应内容和对应 URL，保证移动端网站的所有链接均是正确的。

3. 查看 PC 端和移动端收录情况

将已经被收录的 PC 端链接修改成移动端链接，查看是否同样被收录，查看 20 条左右，如果收录情况基本相同，那说明移动适配设置成功，如果大多数不同，则要检查移动适配设置情况，如图 8.3、图 8.4 所示。

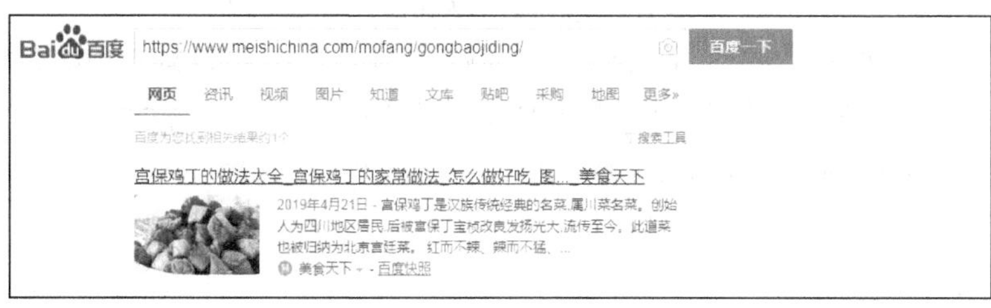

图 8.3　PC 端被收录

图 8.4　移动端同样被收录

8.2　微信搜索优化

微信是日常生活中大家常用的聊天工具，也是常用的搜索平台。通过微信 App 可以搜索文章、公众号、小程序等，内容全面。

1. 公众号优化

（1）公众号名称

首先定位公众号主题，公众号名称要突出主题，比如公众号是用来宣传美食产品的，名称中应尽量出现“美食”这个词，当用户搜索“美食”关键词时，微信搜索结果会优先展示与关键词相匹配的公众号，如图 8.5 所示。

（2）公众号简介

公众号简介中要出现与名称相匹配的关键词。通过图 8.5 可以看出，排名靠前的美食公众号在简介中都加入了 “美食”关键词。

（3）公众号认证

通过图 8.5 可以看出，认证后的公众号会排在前面（认证标志是✓）。

图 8.5　公众号展示情况

2. 公众号文章优化

（1）明确定位

根据关注者需求来撰写文章内容，刺激关注者主动阅读和转发，切记不可为了阅读量和关注量而采用恶意点击、诱导分享等违规方法，以免被封号。

（2）内容优化

微信搜索展示的文章多是公众号发布的文章，所以在做微信搜索 SEO 时要注重公众号文章撰写，标题、摘要和文章内容保持一致性，坚决不做“标题党”。微信搜索的规则是标题、摘要和文章主体与搜索词匹配次数越多，排名越靠前，比如用户搜索词是“减肥餐”，排名靠前的文章一定是标题、摘要以及文章中都有“减肥餐”这一关键词，如图 8.6 所示。

图 8.6 文章展示情况

（3）阅读量优化

微信搜索排名除了与文章匹配度相关，还与文章阅读量和转发量有关，阅读量大说明文章符合用户需求，微信搜索会优先展示用户需求量大的文章，即阅读量大的文章。

（4）时间优化

新发布的文章比几天前发布的文章排名靠前。SEO 人员在做微信搜索优化时要了解目标群体的空闲时间，空闲时间前发布文章，排名靠前的概率更大。

早上 7 点—8 点：上班高峰期，适合上班族碎片化阅读。

中午 11 点—12 点：吃饭期间同样可以搜索阅读文章。

晚上 19 点—24 点：网络黄金时段，空闲人数较多。

以上时间段仅供 SEO 人员参考，具体推送时间要根据目标群体来选择。

8.3 移动端 ASO

应用商店优化（App Store Optimization，ASO）主要提升企业 App 在应用商店的排名和下载量，类似 SEO，都是以关键词优化作为提高排名的重要手段。

8.3.1 App 元数据

元数据指开发者填写的 App 数据，主要包括标题、内容、关键词和图片。元数据填写情况影响 App 排名效果。

说到排名首先要了解 App 权重，它和网站权重意义基本相同，是衡量 App 质量的直接指标。影响 App 权重的因素主要包括下载量、好评度、活跃度、产品更新、优质开发者账号等，元数据同样会影响 App 权重。

1. 标题

标题指的是 App 名称，在设计标题时要做到简洁、突出产品用途以及独一无二性，采用个性化标题更容易被用户搜索到。

App 名称应限制在 20 个字符以内，越简短越好，宜采用容易拼写、易于记忆、突出产品、包含目标关键词的词语，尽量避免与同行重复，独一无二性有利于提升 App 在应用商店的排名。通过七麦数据能够查看 App 排名，如图 8.7 所示。

电影票	5294	200	
关键词	搜索指数	搜索结果数	近一个月竞争趋势

#	应用	搜索排名变动	应用/游戏榜	分类排名	关键词覆盖数 / Top3
1	淘票票——淘出好时光 特惠电影票在线购票 Taobao (China) Software CO.,LTD	+0	619 应用(免费)	54 娱乐(免费)	5415 / 217
2	时光网-特价电影票预订平台 特惠电影票在线购票 Beijing Mtime Network Technolog	+0	- 应用(免费)	215 娱乐(免费)	6202 / 474
3	猫眼专业版-电影票房影人合作 美团	+0	- 应用(免费)	103 娱乐(免费)	2165 / 177
4	趣满满 - 特惠电影票在线比… 全国影讯优惠电影票 Beijing Yi Yue Information Technol…	+0	- 应用(免费)	453 娱乐(免费)	4573 / 208

图 8.7　通过七麦数据查看 App 排名

新建 App 的名称不能与竞品名称相同或类似，否则不予通过，比如美团外卖已经成为家喻户晓的外卖品牌，为了蹭到其品牌热度，新的 App 名称为“美团小名外卖”或“小名美团外卖”，这是违反相关规则的。

2. 副标题

副标题位于标题下方，主要是对标题内容的补充或解释，如果标题中已出现目标关键词，副标题中不需要再次出现，如图 8.8 所示。

#	应用	搜索排名变动	应用/游戏榜	分类排名	关键词覆盖数 / Top3
1	美团外卖-外卖订餐,送啥都快 美食生鲜,水果下午茶 美团	+0	67 应用(免费)	1 美食佳饮(免费)	12637 / 1056

图 8.8　App 副标题

副标题设置应尽量突出 App 特点和亮点，以简洁且具有吸引力的方式介绍 App，避免使用“第一”“最好”“最佳”等违禁词。副标题的作用相当于一句广告，对 App 下载量有一定影响。

3. 描述

描述的主要作用是凸显产品的应用特性和功能，让用户了解该 App 的独特之处并刺激潜在用户下载。描述主要位于详情页中，如图 8.9 所示。

图 8.9　App 描述

描述在整个 App 权重中占比较低，所以 SEO 人员无须花费大量精力去编写描述，只需在前 3～5 行内清楚介绍 App 的用途、优势即可，不要过度布局关键词，影响用户体验。

4. 关键词

关键词是元数据中最重要的部分，App 正是基于关键词实现排名的，在选择关键词时要注意热度、竞争度和相关性。

（1）关键词热度

通常通过查看关键词指数来确定关键词热度，指数越高，热度越高，搜索量越大。关键词指数也可以通过七麦数据查看，如图 8.10 所示。在选词时应选用热度适中的词语，指数宜大于 4500 小于 8000。

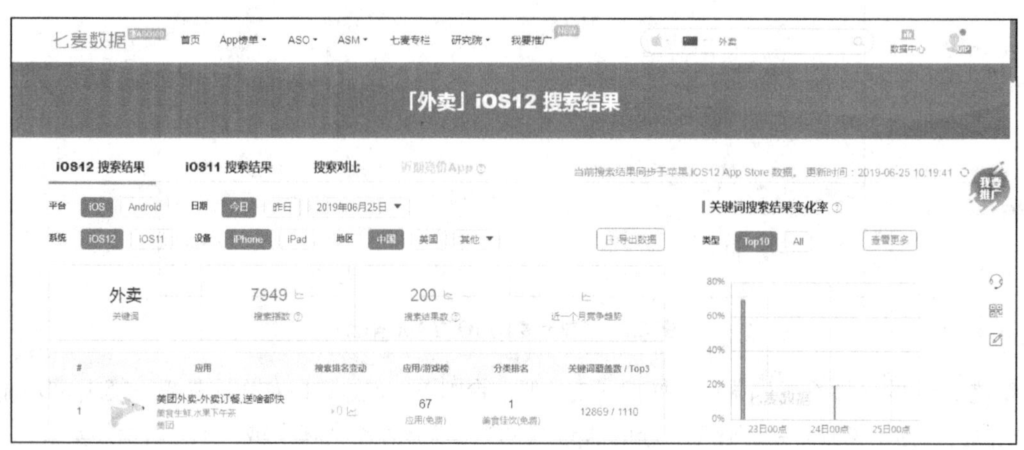

图 8.10　通过七麦数据查看关键词指数

（2）关键词相关性

关键词必须与 App 主题相关，不能为了排名而选择与 App 主题无关的关键词，这样即使排名第一，转化率也极低，ASO 没有效果。

5. 图标

图标是用户在搜索 App 时第一眼看到的 Logo，对后期品牌宣传有很重要的作用。在设计图标时要遵循简单、辨识度高、图案清晰的原则，避免添加不必要的视觉上的细节效果。

6. 截图

截图是用图像的形式为用户展示 App，每个 App 最多上传 5 张图片，前 3 张优先显示在搜索结果中，权重较高，所以在设置截图时要将精华界面放在前面，如图 8.11 所示。

图 8.11　截图展示

8.3.2 关键词优化

1. 关键词权重

关键词权重与标题、副标题、关键词、评论、公司名称以及描述息息相关，其中标题是最重要的因素，App 标题应尽可能覆盖产品功能。关键词编写顺序是从左向右，重要性逐渐降低。

评论也是关乎 App 排名的一个因素，优化前期应在评论中大量刷需要优化的关键词，评论要多样化。

2. 关键词布局原则

很多 ASO 新手对关键词布局不以为然，认为只要把关键词随意加入元数据中即可，这种做法是错误的。错误的布局方式不仅对 App 排名没有帮助，还会降低 App 权重。

（1）权重大小排序

在元数据中，权重从大到小依次是：标题>关键词>副标题>评论>描述。

（2）关键词避免重复

App 标题中如果出现关键词，在副标题中尽量不要再次出现。关键词的权重不叠加，重复的关键词会造成堆砌，对 App 权重有减分的影响。

（3）定期更新

当旧版关键词已经有了稳定的排名，关键词就需要更新了。不管是 PC 端网站、移动端网站还是 App，关键词都要定期更新，根据市场发展趋势而变化。影响关键词指数的因素有很多，比如季节、节日、热点等，App 关键词要适应当下环境。

App 副标题也要定期更新，副标题是根据关键词变化而变化的，应撰写与众不同、吸引眼球的广告语，一成不变的广告语容易造成消费者视觉疲劳，不利于用户体验。

（4）关键词越重要越靠前

这一点和 SEO 一样，越靠前的关键词越重要，越容易被抓取，所以 ASO 人员在布局关键词时，应把目标关键词放在最前面。

（5）不要盲目追求关键词覆盖数量

关键词覆盖是指企业 App 包含关键词的数量。ASO 人员不要过度追求覆盖率，要选取有效的关键词覆盖，例如，覆盖“外卖 24 小时配送”“外卖快递送达”等长尾词带来的下载量远远低于覆盖“外卖”核心关键词带来的下载量。所以要合理使用长尾关键词，数量不宜过多。

3. 关键词选词

ASO 和 SEO 关键词选词方式基本相同，具体方法如下。

（1）竞争对手分析

选择同行业的前三名，了解其关键词布局和具体关键词，通过七麦数据即可了解竞争对手的关键词数量和指数，并从中选择适合本 App 的关键词。

第一步，搜索关键词“电影票”，找到竞争对手 App，如图 8.12 所示。

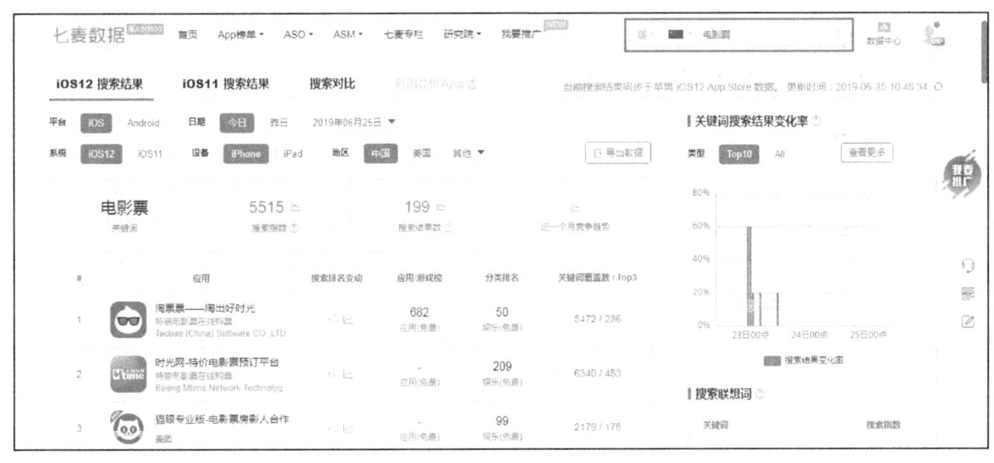

图 8.12　查找竞争对手

第二步，单击竞争对手 App，以时光网 App 为例，进入后单击“ASO 关键词”，如图 8.13、

图 8.14 所示。

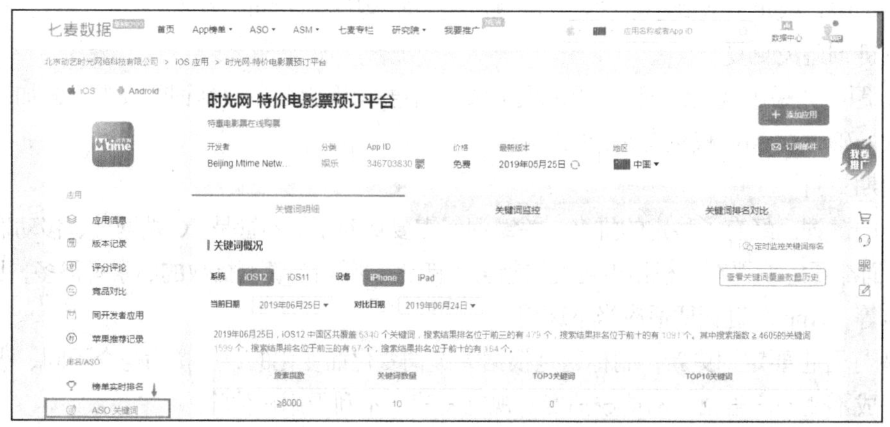

图 8.13 单击“ASO 关键词”

关键词	排名	变动	搜索指数	搜索结果数	操作
时光网	1	0	5373	199	
时光	1	0	4820	209	
电影票优惠	1	0	4607	187	
mtime	1	0	4606	31	
钱宝有票	1	0	4606	99	
qq电影票	1	0	4605	180	
时光电影	1	0	4605	191	
电影票团购	1	0	4605	178	

图 8.14 关键词查看

（2）关键词拓展

关键词拓展可以以用户体验为导向，了解用户喜好，将喜好作为关键词更能刺激用户下载。除此之外还可以使用关键词拓展助手，如图 8.15 所示。

图 8.15 关键词拓展助手

（3）关键词组词

首先列出关键词，再进行长尾词组合。建议将关键词整理到表格中，列出关键词、关键词指数等，以做菜 App 为例，如表 8.1 所示。

表 8.1　关键词列表

关键词	搜索关键词的相关 App 数量	关键词指数
菜谱	187	7762
做饭	210	6875
美食	205	6860
家常菜	194	5299
做菜 App	194	4815

通过表 8.1 可以得出指数适中、竞争较小、适合做目标关键词的词语，将这些目标关键词组合成长尾词，可以有效增加关键词覆盖数量，如“家常菜 App”“家常菜菜谱”等。

8.4　本章小结

本章讲解移动端优化，首先讲到了企业站在移动端的优化方法，对移动端的优化细节进行讲解，然后介绍如何做好微信搜索优化，最后介绍了应用商店优化。学完这一章，读者会对移动端 SEO 有充分的认识。

8.5　习题

1. **填空题**

（1）移动端和 PC 端的不同点有________、________、________。

（2）企业站移动端优化时需要注意________、________、________、________、________五个方面。

（3）在百度资源平台提交 PC 端页面和移动端页面的对应关系，这种做法是________。

（4）影响 App 关键词权重的因素有标题、副标题、________、________、公司名称、________。

（5）移动端文章标题要控制在________个中文字符以内，标题要做到短而精。

2. **选择题**

（1）关于检查移动端优化情况的说法，不正确的是（　　）。

A. 不用检查，直接复制 PC 端内容即可

B. 使用 site：m. 域名来查看移动端收录情况

C. 移动端和 PC 端收录内容应大致相同

D. 移动适配失败会影响优化效果

（2）关于微信搜索优化以下说法正确的是（　　）。

A. 只要文章是原创，其他细节不用关注

B. 标题要和文章内容相匹配

C. 标题要吸引眼球，即使和文章内容不一样也没关系

D. 可策划抽奖活动，分享给好友送一次抽奖机会

（3）移动端 SEO 工作中应该注意（　　）。

A. 移动端与 PC 端页面相对应

B. 定期查看移动端和 PC 端收录情况是否一致

C. 移动适配是整个优化工作的关键

D. 移动端不需要有内链设置

（4）下列关于 ASO 的说法不正确的是（　　）。

A. ASO 和 SEO 方式基本相同

B. App 元数据中的描述作用不大，可以不用填写

C. 如果标题含有关键词，副标题中可以不出现该关键词

D. 关键词可以参考竞品平台来设置

（5）移动端网站打开速度最好控制在（　　）。

A. 3 秒以内　　B. 2 秒以内

C. 5 秒以内　　D. 无须控制，能打开即可

3. 思考题

（1）简述如何做好移动端优化。

（2）一篇合格的微信公众号文章应如何撰写？

09

第 9 章　SEO常见问题和解决方法

本章学习目标

- 掌握 SEO 思路
- 学会分析网站问题
- 掌握常见的解决方法

本书已经接近尾声，前 8 章分别介绍了 SEO 基本定义、关键词选择方法、企业站 SEO 方法、资讯站 SEO 分析以及移动端 SEO 实战等内容。不管读者从事什么行业，这本书帮助读者找到优化思路。只有把理论知识同具体实际相结合，才能正确回答实践提出的问题，扎实提升读者的理论水平与实战能力。本章是前 8 章的延伸，讲述 SEO 人员遇到问题时应该如何分析，让 SEO 人员的优化能力有质的提升。

网站权重为 0

9.1　网站权重为 0

网站权重是衡量网站质量最直接的指标，权重越高，网站质量越好，SEO 人员接手新网站时首先要关注一下网站权重，权重低应从以下几方面寻找原因。

1. **行业类型**

明确网站行业类型。搜索引擎会对一些敏感行业做出不排名处理，例如，减肥产品、在线充值等都属于敏感行业，这些行业搜索引擎是拒绝抓取的，所以权重为 0。

2. **网站服务器**

如果一个网站做了一年以上但权重依旧为 0，首先要考虑是不是服务器的问题。服务器不稳定会造成搜索引擎无法访问页面，从而导致网站不被收录。对于新站而言，不稳定的服务器会影响网站打开速度和页面加载速度，直接降低网站权重。

3. **网站域名**

如果网站是老站，要考虑该域名以前是否接受过违规处理，被搜索引擎处理过的域名很难重获友好度，这种情况下建议更改域名。新域名的优化难度比被搜索引擎处理过的域名优化难度更低。

除了查看域名历史，还要确定其是否符合优化标准。一般而言，简短、容易让人记住、有企业关键词的域名更容易优化，域名后缀常采用 com、cn、net、cc、org 等，其中 com 后缀最常见，优化难度最低。

4. robots 文件

如果上述三点都没有问题，可以在线查看网站的 robots 文件是否允许引擎蜘蛛抓取。在地址栏输入 http://www.域名.com/robots.txt 即可查看。如果在 robots 文件中出现 User-agent:*Disallow:/，那网站权重为 0 就找到了原因，这句代码的意思是不允许引擎蜘蛛抓取网站任何页面，不抓取意味着网站没有收录和排名，更不会有权重提升。

将 robots 文件中的 User-agent:*Disallow:/命令删掉，并重新上传 robots.txt，这样引擎蜘蛛就可以正常爬行网站页面，并抓取质量高的页面。

5. meta 标签

meta 标签就是网站关键词布局，关键词乱发会导致网站权重分散，无法实现关键词排名靠前的效果，从而直接影响网站权重。很多 SEO 新手认为网站 meta 标签中关键词出现频率越高，越容易被抓取，这种想法是错误的。meta 标签包括标题、关键词、描述三大板块，在 SEO 中标题要包含关键词中的目标关键词，主营业务要写在标题中。

（1）资讯站

在制定 meta 标签时首先要确定网站是资讯站、企业站还是电商站等，不同行业适用不同的 meta 标签，应分析网站属性、主营业务以及目标人群，关键词的选择也要根据网站属性来定。以搜狐网为例，如图 9.1 所示。

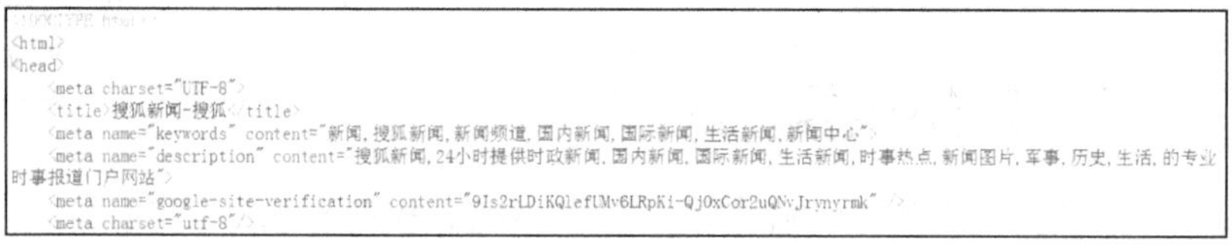

```
<!DOCTYPE html>
<html>
<head>
    <meta charset="UTF-8">
    <title>搜狐新闻-搜狐</title>
    <meta name="keywords" content="新闻,搜狐新闻,新闻频道,国内新闻,国际新闻,生活新闻,新闻中心">
    <meta name="description" content="搜狐新闻,24小时提供时政新闻,国内新闻,国际新闻,生活新闻,时事热点,新闻图片,军事,历史,生活,的专业
时事报道门户网站">
    <meta name="google-site-verification" content="9Is2rLDiKQlefUMv6LRpKi-Qj0xCor2uQNvJrynyrmk" />
    <meta charset="utf-8"/>
```

图 9.1 搜狐网 meta 标签

众所周知，搜狐网是新闻资讯平台，通过图 9.1 可以看出，搜狐网的 meta 标签中大多是“新闻”“国际新闻”“国内新闻”“生活新闻”等关键词，每个关键词都与网站主营业务相关。资讯类网站最好将网站的栏目标题都写入描述，让更多的关键词提高曝光度。

（2）企业站

企业站设置 meta 标签相对简单，网站产品较少，关键词数量少，meta 标签围绕企业主营业务展开即可，如图 9.2 所示。

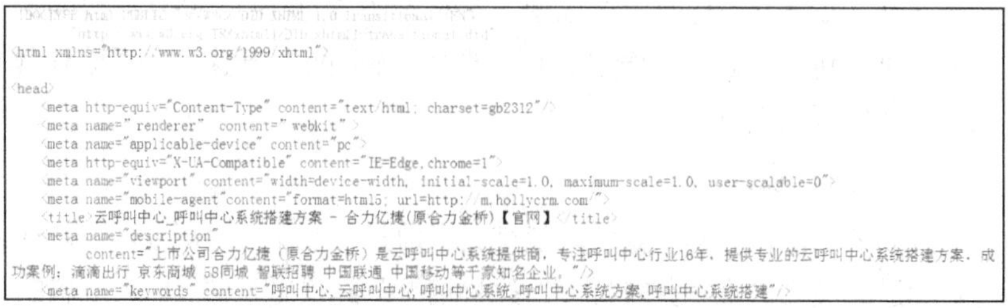

```
<!DOCTYPE html PUBLIC "-//W3C//DTD XHTML 1.0 Transitional//EN"
        "http://www.w3.org/TR/xhtml1/DTD/xhtml1-transitional.dtd">
<html xmlns="http://www.w3.org/1999/xhtml">

<head>
    <meta http-equiv="Content-Type" content="text/html; charset=gb2312"/>
    <meta name=" renderer"  content=" webkit" >
    <meta name="applicable-device" content="pc">
    <meta http-equiv="X-UA-Compatible" content="IE=Edge,chrome=1">
    <meta name="viewport" content="width=device-width, initial-scale=1.0, maximum-scale=1.0, user-scalable=0">
    <meta name="mobile-agent"content="format=html5; url=http://m.hollycrm.com/">
    <title>云呼叫中心_呼叫中心系统搭建方案 - 合力亿捷(原合力金桥)【官网】</title>
    <meta name="description"
          content="上市公司合力亿捷（原合力金桥）是云呼叫中心系统提供商，专注呼叫中心行业16年，提供专业的云呼叫中心系统搭建方案，成
功案例：滴滴出行 京东商城 58同城 智联招聘 中国联通 中国移动等千家知名企业。"/>
    <meta name="keywords" content="呼叫中心,云呼叫中心,呼叫中心系统,呼叫中心系统方案,呼叫中心系统搭建"/>
```

图 9.2 企业站 meta 标签

通过图 9.2 可以看出该企业站是以呼叫中心系统为主营产品的企业，目标关键词在标题、描述和关键词中均有展示。合理布局关键词可以有效提高关键词排名。在布局企业站关键词时要遵循以下 4 点原则。

① 切忌为了增加关键词数量而堆砌关键词。

② 在企业站的关键词标签中关键词最多 4～6 个，不宜过度。

③ 标题要体现企业主营业务。

④ 描述标签中要写入产品优势或企业优势，字数在 160 字以内。

（3）电商平台

电商平台设置 meta 标签较为烦琐，首先要确定售卖的产品种类，如服饰、美食、美妆等系列，如果是垂直电商平台，要将产品类型在 meta 标签中直接表示出来，如图 9.3、图 9.4 所示。

图 9.3　垂直电商平台

```
<html lang="en">
<head>
<meta charset="UTF-8">
<meta http-equiv="Content-Type" content="text/html; charset=utf-8">
<meta http-equiv="content-type" content="text/html; charset=utf-8" /><title>香港莎莎官网 - 正品美妆海淘商城,化妆品护肤品海外购首选
</title>
<meta name="keywords" content="购物网站,化妆品,海淘网,海淘,护肤品,免税店,美妆,海外购,正品化妆品网站" />
<meta name="description" content="香港莎莎官方购物网站Sasa.com,亚洲著名护肤品、彩妆、香水、美容美体及保健品商城,囊括数以百计的全球畅
销奢品美妆品牌,上万个爆款,每日限时秒杀,每周专题促销。香港直送,正品保证,到货30天内均可退换,绝对信心之选!" />
```

图 9.4　垂直电商平台 meta 标签

综合类电商平台在写关键词标签时要体现出自身特色和主营行业，而描述则是对标题的补充，如图 9.5 所示。

```
<html lang="zh-CN">
<head>
  <meta charset="UTF-8">
  <title>京东(JD.COM)-正品低价、品质保障、配送及时、轻松购物! </title>
  <meta name="description" content="京东JD.COM-专业的综合网上购物商城，为您提供正品低价的购物选择、优质便捷的服务体验。商品来自全球
数十万品牌商家，囊括家电、手机、电脑、服装、居家、母婴、美妆、个护、食品、生鲜等丰富品类，满足各种购物需求。" />
  <meta name="Keywords" content="网上购物,网上商城,家电,手机,电脑,服装,居家,母婴,美妆,个护,食品,生鲜,京东" />
```

图 9.5　综合类电商平台 meta 标签

以上方法可以有效改善关键词排名和网站权重低的问题。在设置 meta 标签时一定要以用户体验为出发点，站在用户角度去考虑关键词，让每个页面都能刺激用户点击，满足不同用户的需求。

9.2　网站收录率低

网站收录率低

网站收录率低通常与网站内链设置、URL 结构、文章内容、栏目设置、关键词布局以及网站地图有关，SEO 人员应从这几个方面入手，依次排查问题并采用正确的优化方法。

1．网站是否是新站

搜索引擎对新站会有一定的考核期，通常情况下，首页会在 7～15 天内被收录，内页则是 30～45 天，具体时间取决于网站实际情况。

2．内链设置

网站内链可以引导引擎蜘蛛爬行，是内页曝光的唯一途径，所以说内链设置是改善网站收录问题的首要方法。

（1）检查网站栏目页是否都有指向首页的锚文本链接，保证用户在内页中也能顺利返回首页。

（2）重要页面在首页都应该有锚文本链接可达，让用户不通过搜索框也能快速找到想要的内容。

（3）所有内容页都要链向首页和上一级栏目页，这一点主要体现在面包屑导航的设置，如图 9.6 所示。

图 9.6　面包屑导航

面包屑导航是很多 SEO 人员忽略的一个问题，但它却有很重要的作用。面包屑导航让用户知道当前页面位置，并能够通过导航直接返回上一页或首页，这可以提升用户体验，降低跳出率，结构清晰明了的网站也更受搜索引擎喜欢。面包屑导航要尽可能地使用关键词，但不要堆砌，关键词自然布局，如图 9.7 所示。

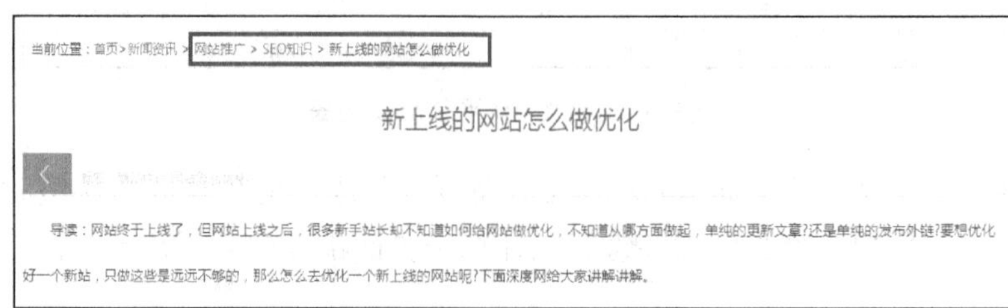

图 9.7　面包屑导航含有关键词

（4）死链是检查内链时很容易忽略的一个问题，错误链接会让用户对网站的印象大打折扣，因此在进行网站问题排查时，死链的检查是必不可少的工序，通常使用百度资源平台或者站长工具查看，如图 9.8、图 9.9 所示。

（5）内链数量并不是越多越好，过多的链接会引起作弊嫌疑，栏目页内链最好在 100 个以内，内容页内链在 3 个以内，内链指向要具有唯一性，一个链接可以含有多个关键词，但一个关键词只能链向一个页面。例如，A 关键词已链向 B 页面，则不可再链向其他页面。在设置内链时，应避免重复。

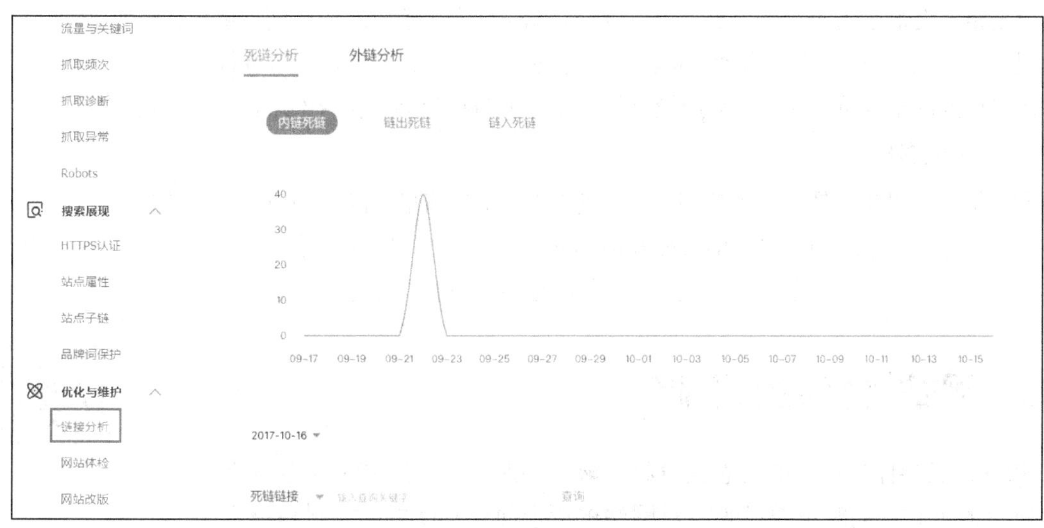

图 9.8　百度资源平台

图 9.9　站长工具

3. 内容更新频率和数量

网站更新文章的时间是很重要的，SEO 人员每天要在固定的时间更新网站内容，确保网站收录间隔时长基本一致。如果网站长时间没有更新，突然某天进行了大量文章更新，这种做法会降低搜索引擎对网站的信任度，不利于网站内容收录。

4. 内容重复率过高

很多网站为了节省时间和精力发布大量的采集文章，重复率过高，这种抄袭文章的方法会使网站降权，页面自然不会被收录。

网站在做内容填充时，文章原创度最好在 65%以上，降低采集文章的比例。文章内容要符合网站主题，要根据用户需求来撰写文章，字数不宜过少。文章最好是图文并茂，图片 alt 标签加入文章关键词。

5. 友情链接

友情链接在很多老板看来都是无用的，但对于 SEO 人员来说友情链接的重要性不亚于内链设置，高质量友链可以快速提高网站排名和网站整体收录率。在选择友情链接时要注意对方网站更新频率、主营产品以及网站权重等因素，与质量高的网站互换链接也会为自身网站带来高质量流量。

6. 网站地图技巧

网站地图可以指引搜索引擎抓取页面，每日提交网站地图对新站是很有帮助的，可以让页面快速被收录。在写网站地图时文件格式最好是 XML，将比较重要的页面 URL 放在前边，如首页、栏目页等，网站 404 错误页面在网站地图中要及时删除。具体写作方法可参考第 3 章。

9.3 网站排名突然下降

网站排名
突然下降

SEO 人员要保持良好的心态去分析、解决问题，网站排名不稳定或排名下降是常有的事，遇到时不要慌张，对网站进行全面分析就可以得到解决方法。通常网站排名突然下降有以下几种原因。

1. 搜索引擎问题

如果网站没有进行大范围整改，但网站排名却突然下降，多半是搜索引擎自身的问题，这种情况下网站不需要修改，过几天排名会恢复正常。

2. 外链问题

优质外链流失也会引起网站排名下降。应分析网站外链是否有大幅度波动，例如，以前有 1000 个外链指向本网站，最近却下降到几百个，这极有可能是网站重要外链被取消了，从而造成排名下降。重要外链一般是高质量的友情链接，可以通过站长工具进行友情链接检测，如图 9.10 所示。

图 9.10 友情链接检测

通过图 9.10 可以看到友情链接的互换情况，如果出站链接和反向链接数量不同，说明友情链接有被取消的可能，如图 9.11 所示。

序号	站点/链接地址	百度收录	首页位	百度权重/流量	PR/输出值	对方链接是否有本站的链接！[异常重查]
14	中国招投标网/www.gc-zb.com/	--	--	3 / 869	3	源代码读取错误!重新检测
13	国家标准物质网/www.biaowu.com/	20万2000	1	2 / 173	0 / 0.15	无反链 外链数：12
12	工业冷水机/www.86pla.com/channe...	45万4000	--	4 / 2314	4 / 0.35	无反链 外链数：17
2	电力论坛/www.bjxbbs.com.cn/	--	--	1 / 15	-	无反链 外链数：35
3	电气招聘网/www.dqjob.com.cn/	--	--	1 / 10	4 / 0.22	[illegible] 无反链 外链数：50
1	智能电网/www.chinasmartgrid.com....	--	--	2 / 361	6 / 0.22	有反链 位置/外链数：29/70 链接词：环保设备网
4	工业环保网/www.iepcn.com/	--	--	0 / 0	-	有反链 位置/外链数：10/10 链接词：环保设备
5	中国泵阀商务网/www.bf35.com/	54万	1	2 / 172	4 / 0.21	有反链 位置/外链数：34/60 链接词：环保设备网
6	松树皮滤料填料/www.grace-enviro.c...	--	--	0 / 0	-	有反链 位置/外链数：1/4 链接词：环保设备网
7	水处理网/www.ybzhan.cn/channel/t...	79万3000	--	4 / 2609	5 / 0.39	有反链 位置/外链数：13/18 链接词：环保设备网

图 9.11 无反链网站

无反链就是取消了友情链接，SEO 人员遇到这种情况应积极与友链方站长沟通，若沟通无果可以将对方网站链接在本站删掉，避免分散网站流量。

3. **查看网站收录页面**

查看网站收录页面可以通过“site：域名”的方式，如图 9.12 所示。

图 9.12 查看网站收录页面

单击每个收录页面检查文章是否被恶意更改，尤其是标题部分，很多灰色行业看准流量高的网站入侵挂病毒，这会导致优质网站排名大幅下降。

4. **服务器不稳定**

服务器不稳定会造成网站关键词排名不稳定、网页打开速度慢、内页不被收录等负面问题，所以在选择服务器时一定要认真对待，服务器不稳定对后期的优化排名是很大的阻碍。

5. **被百度算法判定违规**

随着互联网快速发展，越来越多的企业开始重视网站排名，百度搜索引擎为了打击各种作弊手段而推出了不同性质的搜索引擎算法，其中清风算法和飓风算法最容易让网站“中枪”。

清风算法主要打击“标题党”，即内容和标题严重不符、欺骗用户获得点击量的行为；飓风算法主要打击采集文章多过原创文章，这样的网站会被搜索引擎降权。被以上两种算法中的任意一种判为违规，都会导致网站排名突然下降。

综上所述，遇到网站排名突然下降的情况要对网站进行全面分析，保证外链稳定、网站原创内容占比高、服务器稳定等可以有效解决网站排名出现的问题。

关键词排名不理想

9.4 关键词排名不理想

SEO 竞争其实就是关键词的竞争，关键词排名靠前可以为网站带来源源不断的流量，从而提高交易概率，所以关键词排名不理想是很多 SEO 人员头疼的问题。其实解决这一问题并不难，主要应从关键词选择、关键词布局、详情页优化以及关键词密度、外链等方面入手。

9.4.1 关键词选择

第 2 章从关键词的定义到长尾关键词选择再到后期的布局都进行了详细的讲解，选择关键词时要保证词语有热度、有搜索量、有一定的商业价值和与产品的一致性。

以旅游网为例，该网站运营半年，网站内部布局都还不错，只是关键词排名靠后，带来的流量少。现对网站的目标关键词进行整理，如表 9.1 所示。

表 9.1 旅游网目标关键词

目标关键词	排名
自驾游	50 名外
深圳公司旅游	50 名外
深圳徒步	50 名外
军事拓展	50 名外
定制旅游	50 名外

通过表 8.1 可看出该网站关键词排名很不理想，原因如下：关键词“自驾游”热度高，竞争难度大，不利于新站优化；“军事拓展”“深圳徒步”没有突出旅游主题，与主营业务不符。正确的目标关键词应该是竞争小、搜索量高的关键词，如表 9.2 所示。

表 9.2 修改后的目标关键词

企业主营业务	目标关键词
暑假旅游	七月暑假旅游
旅游度假	国内旅游度假
旅行社	深圳旅行社
团队旅游	团队旅游定制
旅游定制	私人旅游定制

9.4.2 详情页优化

1. 标题优化

标题靠前的位置出现一次关键词，标题语句保持通顺，不要与其他平台重复。图 9.13 所示的标题不采取，应保证标题的独特性和创新性。

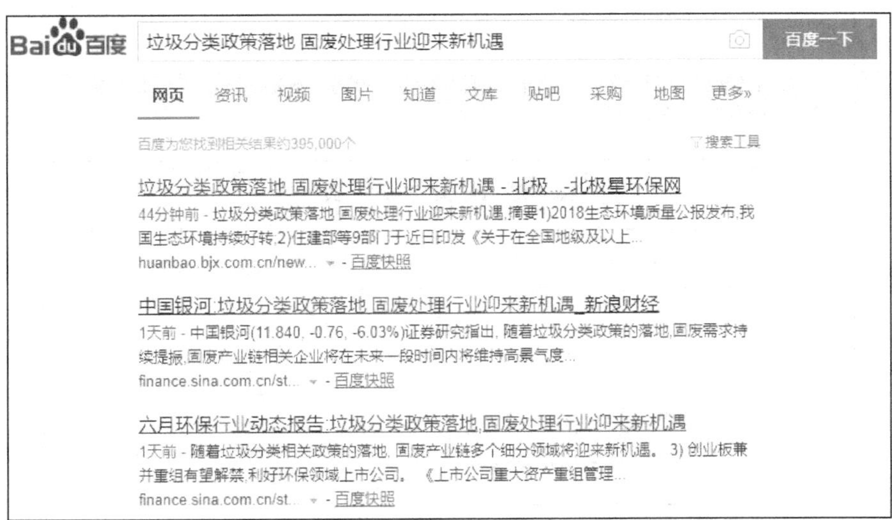

图 9.13　标题重复性太高

文章标题要在页面中反复出现，并且包含完整关键词，以提升关键词密度，如图 9.14 所示。

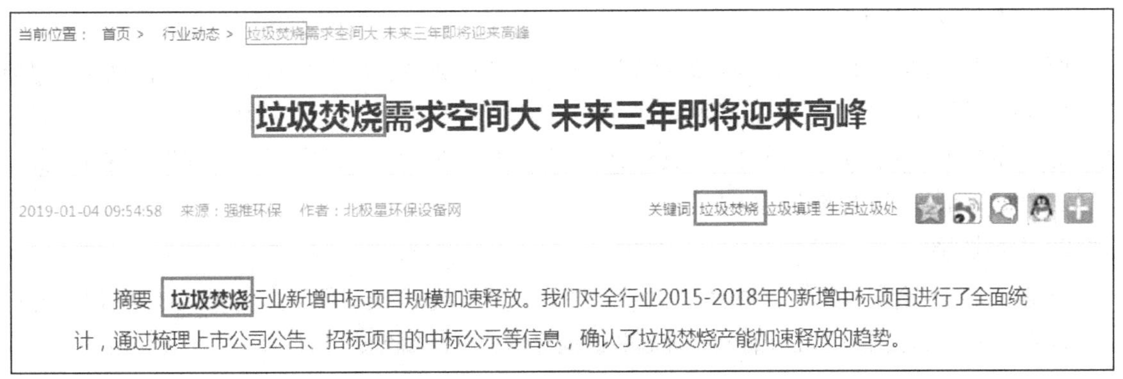

图 9.14　标题关键词出现次数

2. 内容优化

文章内容与标题相关，首段内容在第一句出现关键词，这样做的目的是告诉引擎蜘蛛本文的主旨；将关键词设置成锚文本并指向相关的栏目页，切记不要所有的关键词锚文本都指向首页，如图 9.15 所示。

在内容页中适当增加站内锚文本数量，页面中的锚文本指向的页面一定要和文章内容相关，如图 9.16 所示。

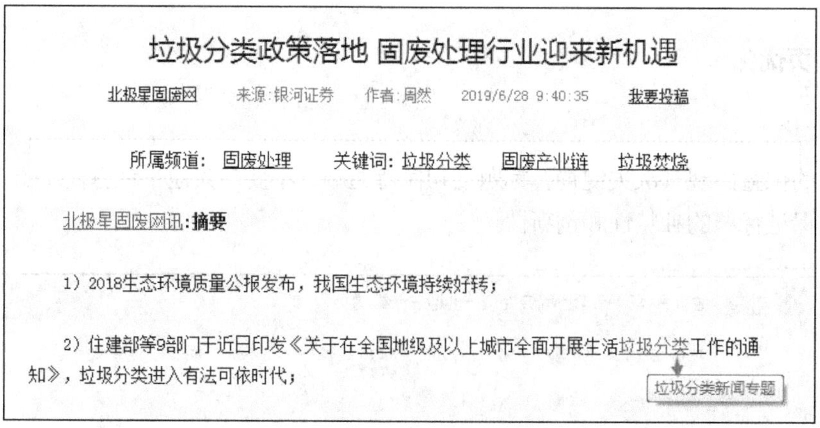

垃圾分类政策落地 固废处理行业迎来新机遇

北极星固废网　来源:银河证券　作者:周然　2019/6/28 9:40:35　我要投稿

所属频道: 固废处理　关键词: 垃圾分类　固废产业链　垃圾焚烧

北极星固废网讯:摘要

1）2018生态环境质量公报发布，我国生态环境持续好转；

2）住建部等9部门于近日印发《关于在全国地级及以上城市全面开展生活垃圾分类工作的通知》，垃圾分类进入有法可依时代；

垃圾分类新闻专题

图 9.15　锚文本指向栏目页

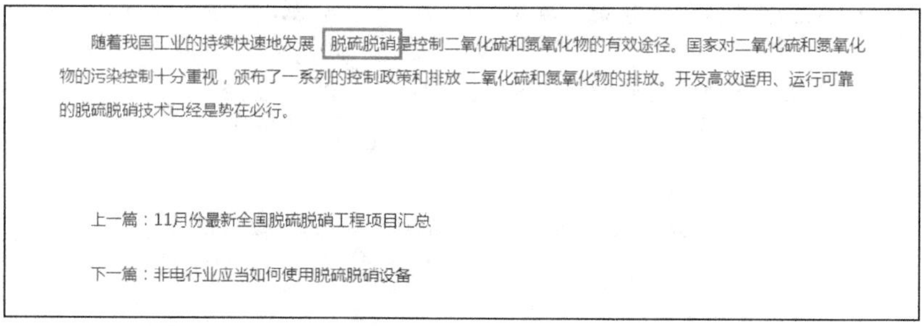

随着我国工业的持续快速地发展，脱硫脱硝是控制二氧化硫和氮氧化物的有效途径。国家对二氧化硫和氮氧化物的污染控制十分重视，颁布了一系列的控制政策和排放 二氧化硫和氮氧化物的排放。开发高效适用、运行可靠的脱硫脱硝技术已经是势在必行。

上一篇：11月份最新全国脱硫脱硝工程项目汇总

下一篇：非电行业应当如何使用脱硫脱硝设备

图 9.16　增加锚文本链接

9.4.3　关键词密度

1. 面包屑导航优化

面包屑导航优化是提高关键词密度和锚文本数量的有效方法，很多 SEO 人员设置的面包屑导航是这样的：首页>资讯文章>正文。这种设置方法只能让用户了解所在位置，对网站 SEO 没有推进作用。优化后的面包屑导航是这样的：首页>SEO 入门资讯>SEO 入门需要了解哪些知识。这样的面包屑导航无形中增加了关键词“SEO 入门”的出现次数。

2. 友情链接

友情链接不仅会影响网站收录率，对关键词排名也有明显的推动作用。在选择友链方时最好选择同行业网站，关键词相关性大有利于提高关键词整体密度，如图 9.17 所示。

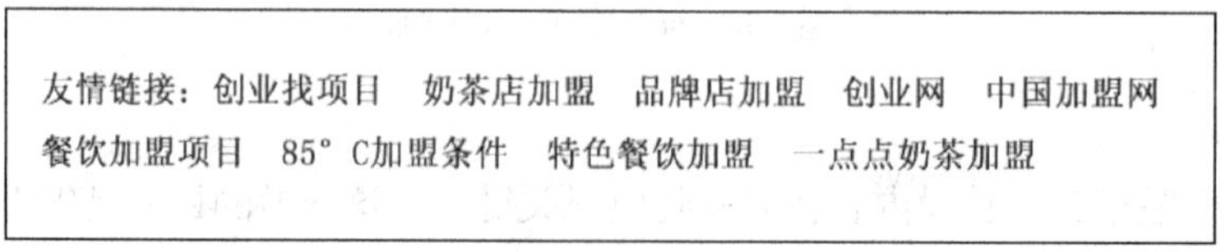

友情链接：创业找项目　奶茶店加盟　品牌店加盟　创业网　中国加盟网
餐饮加盟项目　85° C加盟条件　特色餐饮加盟　一点点奶茶加盟

图 9.17　友情链接提高关键词密度

3. 图片 alt 标签

关键词的插入要顺其自然，刻意地去布局关键词会影响用户浏览文章的体验。在文中插入图片让内容图文并茂，图片 alt 标签中加入文章关键词又能提高关键词密度，如图 9.18 所示。

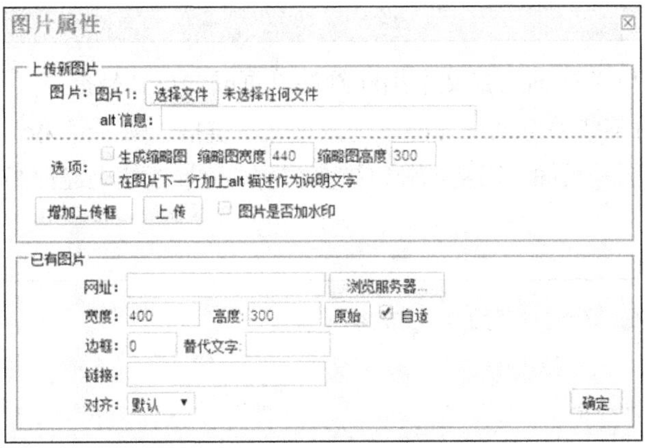

图片属性

上传新图片

图片：图片1：选择文件 未选择任何文件

alt 信息：

选项：生成缩略图 缩略图宽度 440 缩略图高度 300

在图片下一行加上alt 描述作为说明文字

增加上传框　上传　图片是否加水印

已有图片

网址：　浏览服务器...

宽度：400　高度：300　原始　自适

边框：0　替代文字：

链接：

对齐：默认　确定

图 9.18　设置图片 alt 标签

4. TDK 标签

标题设计力求简单，突出企业主营产品，涵盖关键词。关键词要具有唯一性，不能重复堆砌。

描述是对标题的说明，也应涵盖关键词，语句应和标题一样具有吸引力，突出产品优势。

关键词标签中一般出现 5 个网站关键词，不能重复堆砌。

TDK 标签的编写对整个网站排名来说是重中之重，做好关键词排名，TDK 中一定要填写核心关键词，增加其密度。

9.4.4　外链

外链形式主要是超链接外链、锚文本外链以及纯文本外链。高质量的外链建设对网站整体权重起到提升作用，网站整体关键词才能有不错的排名。

1. 超链接外链

超链接指的是带有链接的 URL，这种链接可以直接单击进入网站，是外链建设中效果不错的一种链接形式。目前比较好用的放置超链接的平台是博客、论坛、留言板等，如果文章吸引人，可以为网站带来不错的流量，对网站权重有很好的提升效果。超链接如图 9.19 所示。

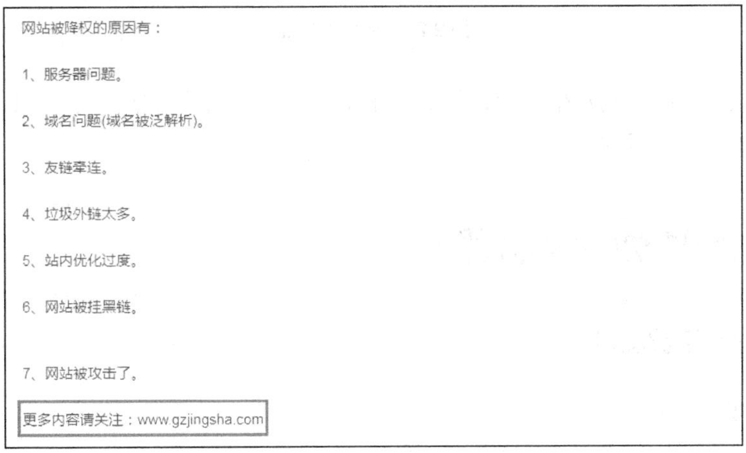

网站被降权的原因有：

1、服务器问题。

2、域名问题(域名被泛解析)。

3、友链牵连。

4、垃圾外链太多。

5、站内优化过度。

6、网站被挂黑链。

7、网站被攻击了。

更多内容请关注：www.gzjingsha.com

图 9.19　超链接

2. 锚文本外链

锚文本外链主要是以关键词为锚文本指向网站首页或内页，是提高关键词排名必不可少的手段，SEO 人员可以针对某些关键词尽可能多地做锚文本链接，但要避免全部锚文本都相同，同时也要避免锚文本都指向同一页面，锚文本外链要多样化，这样才能迅速提高关键词排名。锚文本外链如图 9.20 所示。

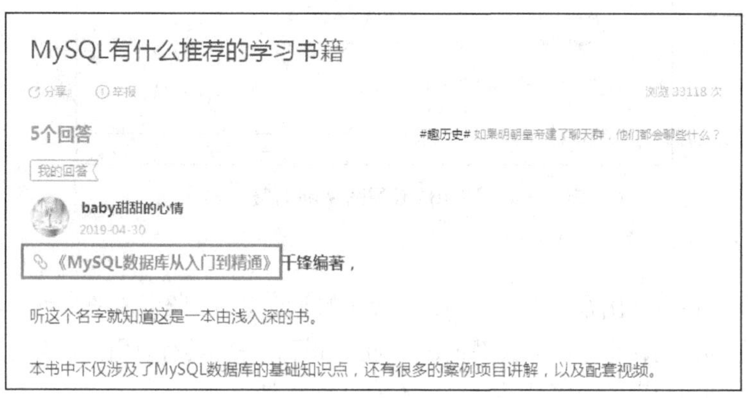

图 9.20 锚文本外链

3. 纯文本外链

纯文本外链指的是纯文字性的网站 URL 或公众号账号等，没有 URL 指向。包含关键词的纯文本外链对企业站和新站宣传有很大的帮助。纯文本外链如图 9.21 所示。

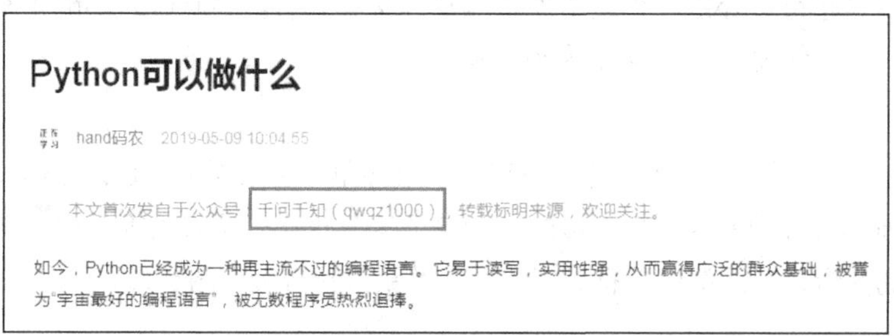

图 9.21 纯文本外链

外链建设将站外资源与网站相结合，形成一个资源网，对网站引流和关键词优化有很好的促进作用，是 SEO 不可缺少的重要步骤。

9.5 网站被搜索引擎惩罚

网站被搜索引擎惩罚

9.5.1 查看网站是否被惩罚

1. site 指令搜索域名

搜索"site:域名"，如果网站没有页面被收录，基本可以确定网站被惩罚，如图 9.22 所示。

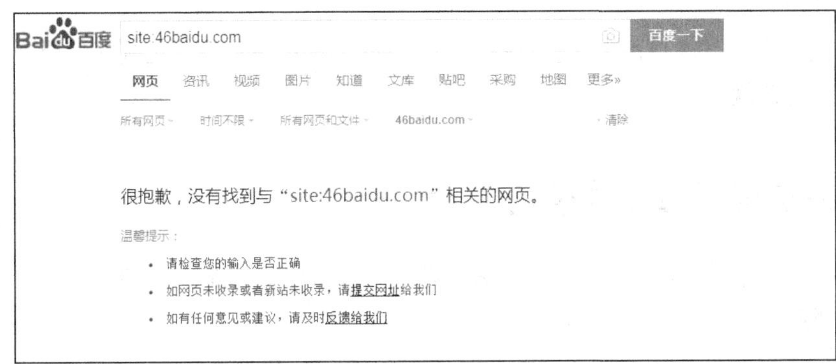

图 9.22　网站没有页面被收录

2. **搜索特有文字**

在百度搜索引擎搜索网站特有的信息，比如公司名称、公司电话、网站备案号等，如果搜索结果中未出现企业网站，那说明网站被惩罚。

3. **网管工具**

通过站长工具、百度统计等网管工具查看网站近期的收录率和关键词排名等，在网站没有改版并正常更新的情况下，统计数据发生很大的变化，说明网站可能被惩罚。

9.5.2　网站被惩罚后的解决方法

首先要明确一点，被惩罚的网站一定是被引擎蜘蛛确认为垃圾站点的网站，通常全站内容大多是抄袭、采集、转载，外链指向低质量平台，这样的网站解决问题最好的办法就是重视用户需求，提供对用户有益的内容。

1. **检查 robots 文件**

查看 robots 文件中是否有禁止引擎蜘蛛抓取重要页面和内容的代码，检查代码是否错误，robots 文件中错误过多会引起搜索引擎的不友好态度，甚至使其对网站采取惩罚措施。

2. **检查服务器中的其他网站**

很多企业为了节省成本会与其他站点使用同一个服务器，如果该服务器中有大量垃圾网站，那该服务器上的其他正常网站也会受到牵连。

3. **查看 meta 标签**

检查 meta 页面中是否存在<meta name="robots" content="noindex, nofollow"/>，如果存在立即删除，这句代码的意思是禁止搜索引擎收录。

4. **检查无用链接**

友情链接过多、买卖外链、添加与网站主题无关的外链、添加与网页内容无关的外链、页面没有引导式内链等都可能引起网站被惩罚，应检查并删除无用链接。

5. **删除重复内容**

检查网站每个 URL 对应内容是否相同，内容是否是转载或抄袭的文字，如果是，删除这些页面，保证每个页面都具有唯一性。

6. 放弃被惩罚网站

如果网站被惩罚程度过高，比如被封站等，这种网站很难恢复为权重高的优质平台，建议重建网站，并避开所有违规行为。

9.6 网站先被收录后被封

网站先被收录后被封

上线时间短的网站稍不谨慎就会遇到这种问题，一般情况下这都是 SEO 不当引起的，具体讲解如下。

9.6.1 具体原因

1. 修改网站标题

上线初期对网站标题进行多次修改，影响搜索引擎对网站的友好度。

2. URL 修改

大量修改网站 URL，站内出现大量死链。

3. meta 标签

SEO 人员为了提高关键词排名，在 meta 标签设置时加入大量重复关键词，造成关键词严重堆砌。

4. 内容违规

网站中出现违规、不雅语句或词语也会造成封站。

5. 首页链接过多

对于内容较多的资讯类网站来说，首页有大量链接是可行的，但对于产品较少的企业站而言，首页链接过多会让引擎蜘蛛认为是作弊行为。

9.6.2 解决方法

网站先被收录后被封的解决方法如下。

（1）首先修改首页代码，然后陆续修改栏目页和内容页，切记不要一次性修改过多。

（2）首页标题不能频繁更改，要与网站主题相对应。

（3）修改 TDK 标签，标题标签中要出现 1～2 次目标关键词，关键词标签中的关键词在 3～5 个，每个关键词只能出现一次，描述标签中要出现页面关键词，字数在 80 字左右，不宜使用重复语句。

（4）检查网站内容，删除网站中不雅语句等违规内容。

（5）优化首页链接，不要把所有的文章链接都放在首页，将首页中相关推荐内容减量 1/2。

（6）通过 robots.txt 屏蔽掉大量死链，告诉引擎蜘蛛不要抓取死链内容。

（7）修改完成后，通过百度站长工具向搜索引擎重新提交网站，提交方式如图 9.23 所示。

图 9.23　链接提交

9.7　本章小结

问题是时代的声音，回答并指导解决问题是理论的根本任务。本章从网站权重、网站收录率、网站排名、关键词排名以及网站被惩罚五个方面对常见的 SEO 问题进行分析，SEO 工作中遇到的问题都可以从这几个方面考虑。通过对本章的学习，读者应掌握 SEO 的每个知识点，并将其灵活运用到工作中。

9.8　习题

1. 选择题

（1）有利于网站 SEO 工作的做法是（　　）。

A. 采集大量文章，填充网站内容　　B. 站内大量内链，保证每个页面都有曝光

C. 合理布局关键词　　D. 撰写文章与网站主题一致

（2）网站被惩罚了应该（　　）。

A. 检查 robots 文件是否禁止网页被收录　　B. 检查外链质量

C. 检查网站是否过度优化　　D. 检查导出链接是否正常

（3）以下关于关键词的说法错误的是（　　）。

A. 为了达到排名效果，标题中应尽量多出现关键词

B. 为方便用户记忆和品牌传播，页面中要出现品牌名

C. 每个页面的 TDK 标签都很重要，尽量做到完善

D. 首页关键词太多时，可以把部分关键词放在站内栏目页中

（4）以下说法错误的是（　　）。

A. 网站只要生成了网站地图就不用考虑收录问题

B. 通过原创保护的网站收录率很高

C. 优质的友情链接可以为网站带来大批流量

D. 标题应与网站主题一致

（5）如今 SEO 越来越重视（　　）。

A. 站内优化策略　　　　B. 内容质量

C. 流量推广和曝光度　　D. 外链的质量和数量

2. **思考题**

（1）简述为什么网站有排名却没有客户。

（2）简述如何让网站排名快速提升。